Festin
des *fêtes*

© 2008 Anthony Carroll, pour l'édition originale
© 2010 Les Publications Modus Vivendi inc., pour l'édition française

L'édition originale de cet ouvrage est parue chez R&R Publications Marketing Pty Ltd sous le titre *Christmas*

LES PUBLICATIONS MODUS VIVENDI INC.
55, rue Jean-Talon Ouest, 2ᵉ étage
Montréal (Québec) H2R 2W8
CANADA

www.groupemodus.com

Éditeur : Marc Alain
Éditrice adjointe : Isabelle Jodoin
Traducteur : Jean-Robert Saucyer
Réviseure : Lorraine Gagnon
Adaptation du jeu-questionnaire : Nolwenn Gouezel

ISBN 978-2-89523-659-7

Dépôt légal – Bibliothèque et Archives nationales du Québec, 2010
Dépôt légal – Bibliothèque et Archives Canada, 2010

Nous reconnaissons l'aide financière du gouvernement du Canada par l'entremise du Fonds du livre du Canada pour nos activités d'édition.

Gouvernement du Québec – Programme de crédit d'impôt pour l'édition de livres – Gestion SODEC

Imprimé au Canada

Festin

des fêtes

Recettes, idées de décoration,
trucs et conseils pour recevoir
avec style.

MODUS
VIVENDI

Table des Matières

Introduction

Revoici le temps des fêtes qui approche ! Les saisons se succèdent, le rythme de la vie quotidienne s'accélère et nous savons tous que nous nous dirigeons vers une période aussi amusante que trépidante ponctuée par Noël et les fêtes de fin d'année.

Parmi les choses les plus appréciables en lien avec Noël, il y a l'étalement de la fête sur quelques semaines – la montée de l'excitation et les premiers pincements au cœur, les nombreuses réceptions données au préalable sont presque aussi amusants que le jour même de la Nativité.

Vous découvrirez à l'usage que *Festin des fêtes* vous sera fort utile pendant la saison des réjouissances, car nous y avons réuni quelques-unes des recettes classiques aimées de tous, de nouvelles idées amusantes et même quelques recettes simples. Il s'y trouve notamment un chapitre sur la confection de biscuits qui peuvent faire office de décorations de l'arbre de Noël – des heures de plaisir en perspective pour tous les membres de votre famille. Vous serez probablement les seuls habitants de votre patelin dont le sapin de Noël sera décoré d'ornements comestibles !

Noël est, en outre, une fête axée sur le partage et le rapprochement entre les êtres, et l'on doit tenir compte de ces valeurs au moment de préparer le dîner qui marque cette journée unique de l'année. Aussi, n'oubliez pas ceux de vos invités qui ont des exigences particulières en matière de nutrition. Sans compter qu'il n'est pas plus mal d'amorcer un virage santé en cette période où les excès de table sont chose courante. Voilà pourquoi nous avons imaginé un chapitre de recettes de rechange qui propose des mets végétariens, dont quelques-uns végétaliens, et des plats destinés à ceux qui sont allergiques au gluten. Nous avons également prévu beaucoup de pétillant dans un chapitre portant sur les boissons et cocktails de Noël à l'intention des grands et des petits, qui mettent en lumière de grands classiques et quelques nouveautés qui vous aideront à célébrer comme il se doit ce grand jour !

Époussetez vos microsillons de Frank Sinatra et Bing Crosby et lancez la saison ! Si vous projetez de recevoir parents et amis à la maison ou si vous avez promis d'apporter quelques gourmandises à une fête, feuilletez le chapitre portant sur les hors-d'œuvre et canapés; vous y trouverez des bouchées pour les fêtes qui finiront tard dans la nuit, des casse-croûte plus costauds que vous dégusterez lentement et quelques amuse-bouche élégants à servir lors d'un cocktail. Le chapitre sur les banquets s'articule autour du rôtissage des viandes et des volailles qui sont, pour la plupart d'entre nous, les pièces de résistance imposées par une longue tradition. En guise de complément, un chapitre propose des sauces, des plats de légumes et des mets d'accompagnement qui feront un fabuleux banquet en ce grand jour.

Ce recueil de recettes a été imaginé de telle sorte que, si vous choisissez un plat à chaque chapitre, vous composerez un menu festif et mémorable qui plaira à tous vos invités.

Une fête mobile

Le caractère de la fête de Noël a évolué depuis le temps qu'on la célèbre, soit autour du IVᵉ siècle de l'ère chrétienne.

À mesure que le christianisme s'est répandu à travers le monde, les façons de célébrer Noël ont évolué en fonction du climat et des us des différents pays où il s'est implanté. Il en est de même aujourd'hui, alors que Noël est devenue une fête culturelle célébrée tant par les chrétiens que par bon nombre de ceux qui ne le sont pas.

Quelles que soient nos convictions religieuses, il est assuré que la tradition entourant la fête de Noël sera présente aussi longtemps que des enfants s'assembleront avec agitation autour d'un sapin, impatients de déballer leurs étrennes, et que les familles voudront se réunir malgré la distance qui sépare souvent chacun de leurs membres.

Sans nous reporter aux textes sacrés, étudions l'histoire des festivités entourant Noël et voyons comment nous en sommes arrivés aux célébrations que nous connaissons à présent. Il y a deux mille ans, les habitants de presque toute l'Europe avaient beaucoup de temps libre au mitan de l'hiver; ils avaient peu à faire aux champs et les bêtes étaient souvent rassemblées à l'étable. Naturellement, ils centraient leurs activités autour de l'âtre – ils abattaient d'énormes animaux dont la chair se conservait bien au plus froid de décembre, ils prenaient place auprès du feu et discutaient avec leurs amis et leurs familles, ils sirotaient peut-être un verre de vin chaud. Ainsi, les fêtes hivernales sont entrées dans la coutume, car les gens en profitaient davantage que des fêtes tenues à l'été, cette saison au cours de laquelle ceux qui travaillent la terre ont tant à faire, qu'un jour soit férié ou pas. Le christianisme a usurpé ou emprunté bon nombre de pratiques païennes à mesure qu'il s'est propagé pour ensuite assimiler les pratiques culturelles des différentes régions où il était présent.

Nombre de traditions européennes en lien avec le solstice d'hiver sont à l'origine des célébrations de Noël actuelles, car les Pères de l'Église savaient d'emblée qu'il serait plus facile de convertir les gens à la nouvelle religion s'il y avait adéquation entre les nouvelles fêtes religieuses et les rites anciens. Ainsi, ils ont reformulé les coutumes en place depuis des siècles ou les ont déplacées au calendrier (ne serait-ce que de quelques jours) de manière à les adapter à la nouvelle foi et à la célébration du christianisme. Des coutumes qui étaient peut-être moins bien orchestrées ou structurées ont acquis grâce à l'Église de Rome une importante dimension et sont devenues des éléments prépondérants de l'histoire de la naissance de Jésus et des fêtes afférentes.

Plusieurs célèbrent la Noël en posant sur la table des aliments produits à l'échelle locale expressément pour l'occasion. Que ce soit la bûche de Noël des Français ou le lait de poule des Anglais, le vin chaud épicé ou la tourtière du Lac-Saint-Jean au Québec, nombreux sont les plats, desserts et boissons que nos mères nous servaient alors que nous étions enfants et que nous retrouvons encore aujourd'hui sur la table du réveillon.

On pense que le lait de poule tire son origine du *syllabub*, un dessert dont l'apparition remonte au XVIIe siècle, fait de crème fouettée parfumée de vin blanc ou de xérès. À cette époque, les vins cuits ou épicés témoignaient d'une grande avancée en matière d'expédition et d'un point culminant du commerce des épices.

La tarte au mince-meat fut imaginée au Moyen Âge à partir de fruits confits, de viandes, de poissons ou de tout ce que l'on pouvait hacher fin et mélanger à de la graisse de rognons avant d'en faire une tourte.

On a commencé à l'associer aux mets servis à Noël au XVIe siècle, mais il fallut attendre la moitié du XIXe siècle, lorsque la viande commença à disparaître de la recette pour n'y laisser que le gras ou le suif, pour qu'elle ressemble à la tarte au hachis de fruits confits, de fruits secs et d'épices macérés dans du cognac que nous connaissons aujourd'hui.

Au Québec, la tourtière est un plat traditionnel de Noël et du Jour de l'an. C'est une tarte salée composée de deux étages de pâte brisée qui renferment une garniture de viande hachée - porc ou mélange de porc et de boeuf, par exemple - cuite avec des oignons et bien assaisonnée.

La galette des Rois est apparentée au *stollen*, ce cake allemand aux fruits et aux noix, et à d'autres gâteaux à base de levure de l'époque médiévale; toutefois, ce genre de gâteau a la faveur populaire sur plusieurs continents et est même servi en Amérique du Nord le Mardi gras. La tradition veut que l'on introduise un haricot de porcelaine, ou une petite pierre, dans la pâte du gâteau et que celui qui le trouvera dans sa part sera couronné roi des récoltes le temps d'une journée. L'origine du gâteau que l'on sert le jour de l'Épiphanie remonte aux Rois mages venus d'Orient visiter l'Enfant Jésus dans sa crèche au douzième jour suivant sa naissance. Il est fait d'une pâte briochée truffée de fruits secs et de noix qui n'est pas sans rappeler le *panettone* italien.

Depuis que le banquet est devenu un composant des rites culturels et qu'il en partage le symbolisme, les communautés humaines se sont structurées autour des nourritures posées sur la table et du travail nécessaire pour les y apporter. Toutes y voient une manière de célébrer l'expérience commune à ceux qui vivent des fruits de la terre, la clémence des cieux et l'abondance des récoltes. En effet, comment pourrait-on mieux souligner la générosité de la nature qu'en faisant bonne chère en bonne compagnie et en trinquant à la santé de tous ?

De récente tradition

L'époque moderne a vu apparaître le Père Noël, ce rondouillard rieur vêtu d'un costume rouge bordé d'hermine que les enfants adorent. La couleur de son costume est issue de celles d'une illustration parue dans un magazine états-unien au cours des années 1860, laquelle s'inspirait de l'image de saint Nicolas et de ses diverses incarnations auprès de différentes cultures.

Au début du XXe siècle, non seulement est-il devenu bedonnant, mais on l'a doté d'une hotte pleine de cadeaux et d'un atelier de lutins censés les fabriquer. Avec l'intervention des bonzes du marketing contemporain, la légende du Père Noël est devenue, pour le meilleur ou pour le pire, l'un des symboles de Noël parmi les plus reconnaissables. Le bonhomme a désormais une épouse et une résidence quelque part au pôle Nord !

En plus du vieil homme jovial qui apporte des cadeaux et de rituels plus classiques tels que les cantiques et la messe de minuit, il existe des traditions liées à la table telles que le banquet au cours duquel les Russes servent douze plats en souvenir des douze apôtres.

De nombreux symboles chrétiens entrent dans la décoration du sapin et de la table de Noël de ceux qui ne sont pas vraiment croyants ou pratiquants, entre autres l'étoile de Bethléem et les anges du paradis. Pour plusieurs, leurs significations sont devenues floues, mais les symboles restent présents.

En ce monde où le rythme est scandé par des impératifs immédiats, les traditions plus anciennes qui exigent plus de temps, par exemple l'installation d'une crèche de Noël et de ses divers personnages, sont reléguées au second plan et remplacées par un horaire de décembre très serré et la course aux cadeaux de dernière minute.

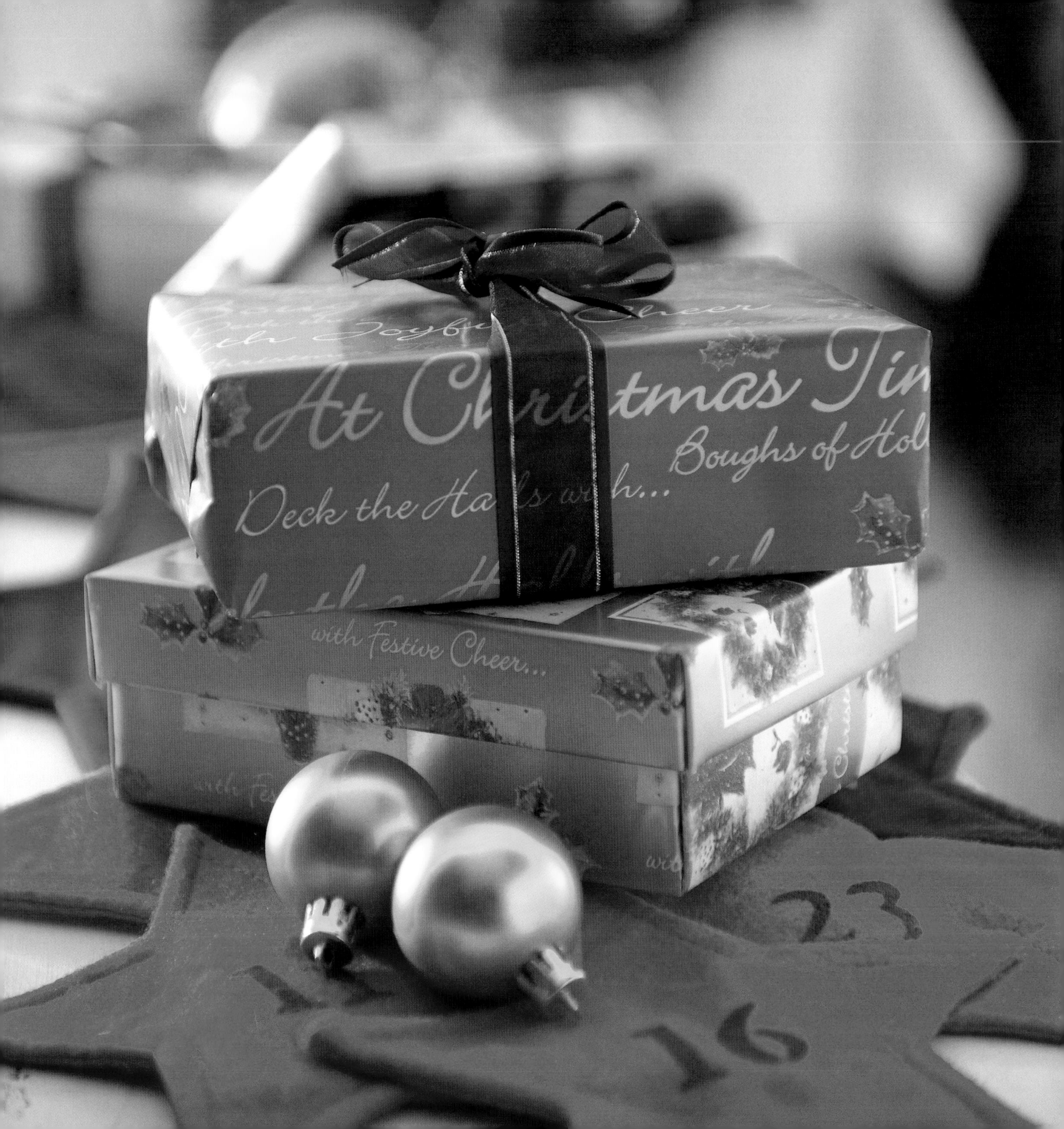
with Festive Cheer...
23
16

À bien des égards, il est réconfortant de savoir que nos coutumes entourant la Noël trouvent leurs origines dans ces us aussi anciens que les hivers nordiques. Ces grands dîners de Noël font naître chez tous les convives un sentiment d'accomplissement et d'appartenance comme on en éprouve peu les autres jours de l'année.

C'est le moment de l'année où chacun s'estime heureux de la bonne compagnie qui l'entoure, se montre reconnaissant face aux parents et amis qui fêtent avec lui, et croit en la paix sur terre et la bonne volonté des hommes, ne serait-ce qu'en cette seule journée.

Joyeux Noël

*à vous et aux vôtres,
et bonne et heureuse année !*

Jeu-questionnaire *sur Noël*

Afin de vous titiller l'esprit autant que les papilles, nous avons préparé à votre intention ce jeu-questionnaire auquel vous pourrez répondre dans le cadre de vos célébrations de Noël.

Nous avons structuré le questionnaire en trois volets; questions à choix multiple, vrai ou faux et connaissances générales. Vous pourriez photocopier les pages du questionnaire et le distribuer à vos invités afin que tous éprouvent leurs connaissances sur la fête de Noël.

Autrement, donnez à chacun du papier et un stylo, et demandez à quelqu'un de lire les questions à haute voix. À la fin, chacun échangera sa feuille-réponse avec celle d'un autre, qui la corrigera. Assurez-vous que chacun inscrive son nom sur sa feuille pour éviter toute confusion au moment de l'échange des réponses.

Les réponses et les marques se trouvent aux pages 30 et 31. Pas de tricherie ! Une échelle de points fait suite à la page 33. Bonne chance à tous et amusez-vous !

Questions
à choix multiple

1. Qui a écrit la chanson *White Christmas* (*Noël Blanc*) ?
a) David Bowie
b) Bing Crosby
c) Irving Berlin
d) Sigue Sigue Sputnik

2. Dans quel pays saint Nicolas est-il un saint patron ?
a) République tchèque
b) Pologne
c) Nouvelle-Zélande
d) Russie

3. Selon la tradition germanique, qu'est-ce que ne doivent pas voir les enfants, avant le soir de Noël ?
a) Les bonbons de Noël
b) Les bas (chaussettes) de Noël
c) L'arbre de Noël
d) Qui que ce soit habillé de vert ou de rouge

4. Comment les rennes du père Noël font-ils pour voler ?
a) Ils mangent des graines magiques et du gâteau aux carottes
b) Ils passent une licence de pilote de traîneau
c) Ils battent des bois comme les oiseaux battent des ailes
d) Ils ont des sabots à réaction

5. Compte tenu des fuseaux horaires et de la rotation de la Terre, quelle direction le père Noël doit-il prendre pour distribuer tous les cadeaux dans le monde entier le soir de Noël ?
a) De l'est vers l'ouest
b) De l'ouest vers l'est
c) Du nord au sud
d) Du sud vers le nord

6. Quel est le nom de l'île située près de Djakarta, dans l'océan Indien ?
a) Christmas crib (la crèche de Noël)
b) Rudolph Island (l'île de Rudolph)
c) Christmas Island (l'île de Noël)
d) Santa Claus (père Noël)

7. En quelle année la première guirlande électrique a-t-elle illuminé un sapin de Noël ?
a) 1895
b) 1910
c) 1925
d) 1935

8. Combien de semaines dure l'avent ?
a) 2
b) 3
c) 4
d) 5

9. Durant quelle saison les Africains fêtent-ils Noël ?
a) Printemps
b) Été
c) Automne
d) Hiver

10. Quel pays a popularisé l'arbre de Noël ?
a) Les États-Unis
b) La Finlande
c) L'Allemagne
d) La Pologne

11. De quelle société le père Noël vêtu d'un costume rouge et blanc fut-il le personnage publicitaire ?
a) Air Canada
b) Coca-Cola
c) Croix-Rouge
d) Nike

12. Quelle est l'espérance de vie réelle d'un renne mâle ?
a) 2 ans
b) 9 ans
c) 27 ans
d) 55 ans

13. Quel est le signe zodiacal des enfants nés le 25 décembre ?
a) Capricorne
b) Verseau
c) Sagittaire
d) Scorpion

14. Quelle est l'origine de la forme des confiseries rouges et blanches de Noël, appelées *candy cane* ?
a) La lettre J (comme Jésus) retournée de haut en bas
b) Le symbol zodiacal de Noël
c) La canne qu'utilise le père Noël
d) La forme d'un bâton de berger

15. Avec combien de branches dessine-t-on les flocons de neige ?
a) 6
b) 8
c) 10
d) 12

16. Depuis quelle année fête-t-on officiellement la naissance du Christ le 25 décembre ?
a) L'an 200 avant J.-C.
b) L'an 0
c) L'an 1
d) L'an 354

17. Laquelle de ces fêtes n'a pas lieu en décembre ?
a) La Saint-Nicolas
b) La Chandeleur
c) La Saint-Sylvestre
d) Le jour de Noël

18. Dans quel pays dit-on *Hyvaa Joulua* pour souhaiter un joyeux Noël ?
a) Finlande
b) Pologne
c) Lettonie
d) Australie

19. Qui a interprété pour la première fois la chanson « *Petit papa Noël* » dans le film *Destins* en 1946 ?
a) Dalida
b) Tino Rossi
c) Frank Sinatra
d) Rondo Veneziano

20. Dans quel pays vous souhaite-t-on *God Jul* à l'occasion de Noël ?
a) Suède
b) Hawaii
c) Hongrie
d) Uruguay

21. En France et au Canada, quand a lieu traditionnellement le réveillon de Noël ?
a) Après la messe de minuit
b) Pendant le sermon du dimanche
c) Le lendemain de Noël (le 26 décembre)
d) N'importe quel jour en décembre

22. Quel saint fête-t-on le 26 décembre ?
a) Saint Nicolas
b) Saint Stephen
c) Saint Francis
d) Saint Jérôme

Vrai ou faux

1. En Scandinavie, la chèvre est un symbole de Noël.
   Vrai _____   Faux _____

2. En Australie, le traîneau du père Noël est parfois tiré par des lapins.
   Vrai _____   Faux _____

3. *Stretan Bozic* est le « joyeux Noël » bosniaque.
   Vrai _____   Faux _____

4. Le gâteau appelé « bûche de Noël » symbolise une véritable bûche de bois qu'il était coutume de faire brûler dans la cheminée le soir de Noël et les jours suivants.
   Vrai _____   Faux _____

5. La coutume de s'embrasser sous le gui est liée au mythe scandinave de la déesse de l'amour.
   Vrai _____   Faux _____

6. Royal Tannenbaum est le botaniste allemand qui a découvert l'arbre de Noël.
   Vrai _____   Faux _____

7. Selon Jean-Marie Poiré, réalisateur français, le père Noël est une ordure.
   Vrai _____   Faux _____

8. En Angleterre, le père Noël s'appelle Oncle Nick.

   Vrai _____   Faux _____

9. Au Brésil, le père Noël s'appelle « papa Noël ».

   Vrai _____   Faux _____

10. Les guirlandes électriques furent inventées en Amérique par Thomas Edison.

   Vrai _____   Faux _____

11. Dans tous les films suivants, Noël fait partie de l'histoire : *Home alone* (*Maman j'ai raté l'avion*), *Santa Claus conquers the martians* (*Le père Noël contre les Martiens*), *miracle on 34th street* (*Miracle sur la 34ᵉ rue*), *Die hard* (*Piège de cristal*).

   Vrai _____   Faux _____

Connaissances
générales

1. Quelle chanson américaine a pour titre français « *Vive le vent* » ?

2. Comment s'appelle le mélange de lait, de sucre et d'oeufs qui est traditionnellement servi pendant les fêtes de Noël ?

3. Donnez les noms de tous les rennes du père Noël.

4. En Chine, le père Noël s'appelle « *Dun Che Lao Ren* ». Qu'est-ce que cela signifie ?

5. À quelle date fête-t-on la Saint-Nicolas ?

6. Quelle est l'adresse du père Noël ?

7. Quel autre nom donne-t-on aux chants de Noël ?

8. Quelle organisation américaine traque avec ses radars le traîneau du père Noël chaque année le soir de Noël ?

9. Dans quel pays le père Noël s'appelle-t-il « Oncle Santa » ?

10. À quelle heure est traditionnellement célébrée la messe de Noël ?

11. Si vous êtes debout sous le gui avec une autre personne, que devez-vous faire ?

12. Quelle plante, traditionnellement utilisée pour les décorations de Noël, a des petites baies rouges ?

13. Comment s'appellent les petits personnages que l'on met dans la crèche ?

14. Lequel de ces acteurs est né le jour de Noël ?

    a) Humphrey Bogart, né en 1899

    b) Sissy Spacek, née en 1949

    c) Sarah Jessica Parker, née en 1965

15. Dans quel pays dit-on « *Zalig Kerstfeest* » en guise de « joyeux Noël » ?

16. Qui fabrique les jouets dans l'atelier du père Noël ?

17. Quel pays anglophone a attendu 1958 pour rendre férié le jour de Noël ?

18. De qui saint Nicolas est-il le saint patron ?

    a) Des écoliers

    b) Des bergers

    c) Des marins

    d) Des riches industriels allemands

19. Selon une tradition provençale, en France, combien de desserts sont servis après la messe de Noël ?

20. En Italie, quel plat est traditionnellement servi à Noël ?

21. Saint Nick était-il un personnage de bande dessinée ?

22. Quand le père Noël prendra-t-il sa retraite ?

Réponses
et marques

(la meilleure marque de ce volet est de 100 points)

Question 1 (5 points)
c) Irving Berlin

Question 2 (5 points)
d) Russie

Question 3 (3 points)
c) L'arbre de Noël

Question 4 (5 points)
a) Ils mangent des graines magiques et du gâteau aux carottes

Question 5 (5 points)
a) De l'est vers l'ouest

Question 6 (3 points)
c) Christmas Island (l'île de Noël)

Question 7 (5 points)
a) 1895

Question 8 (5 points)
c) 4 semaines

Question 9 (5 points)
b) Été

Question 10 (5 points)
c) l'Allemagne

Question 11 (5 points)
b) Coca-Cola

Question 12 (5 points)
b) 9 ans

Question 13 (3 points)
a) Capricorne

Question 14 (5 points)
d) La forme d'un bâton de berger

Question 15 (5 points)
a) 6

Question 16 (3 points)
d) L'an 354

Question 17 (5 points)
b) La Chandeleur

Question 18 (5 points)
a) Finlande

Question 19 (3 points)
b) Tino Rossi

Question 20 (5 points)
a) Suède

Question 21 (5 points)
a) Après la messe de minuit

Question 22 (5 points)
b) Saint Stephen

Vrai ou faux

(la meilleure marque de ce volet est de 49 points)

Question 1 (5 points)
Vrai.

Question 2 (5 points)
Faux. Le traîneau du père Noël est tiré par des kangourous.

Question 3 (5 points)
Vrai.

Question 4 (3 points)
Vrai.

Question 5 (5 points)
Vrai.

Question 6 (3 points)
Faux. *Tannenbaum* est le nom allemand du sapin de Noël. *Royal Tannenbaum* est le nom d'un personnage de film, intrepété par Gene Hackman.

Question 7 (5 points)
Vrai.

Question 8 (3 Ppoints)
Faux. Il s'appelle
« Father Chrismas ».

Question 9 (5 points)
Vrai.

Question 10 (5 points)
Faux. Elles ont été inventées
par Edward Hibberd Johnson,
un associé d'Édison.

Question 11 (5 points)
Vrai.

Connaissances générales

(la meilleure marque de ce volet est de 134 points)

Question 1 (3 points)
Jingle Bells

Question 2 (3 points)
Le lait de poule (*Eggnog*)

Question 3 (5 points par
renne pour les 8 premiers)
Fougueux (Dasher),
Danseur (Dancer),
Fringant (Prancer),
Rusé (Vixen),
Comète (Comet),
Cupidon (Cupid),
Élégant (Donner ou Dunder),
Éclair (Blitzen ou Blixem).
Il y avait à l'origine ces
8 rennes. Rudolph est
apparu bien plus tard suite
à une chanson populaire.
(+3 points pour Rudolph)

Question 4 (3 points)
Le vieil homme de Noël

Question 5 (5 points)
Le 6 décembre

Question 6 (5 points)
Le père Noël pôle Nord
HOH OHO
(pour le Canada)

Le père Noël - 3 rue des
enfants sages - pôle Nord
(pour la France)

Question 7 (3 points)
Les cantiques de Noël

Question 8 (3 points)
Norad (le Commandement
de la défense aérospatiale
de l'Amérique du Nord)

Question 9 (5 points)
Japon

Question 10 (5 points)
À minuit

Question 11 (3 points)
Vous embrasser

Question 12 (3 points)
Le houx

Question 13 (5 points)
Les santons

Question 14 (5 Points par
personne)
a) Humphrey Bogart,
né en 1899
b) Sissy Spacek, née en 1949

Question 15 (5 points)
Belgique

Question 16 (3 points)
Les lutins

Question 17 (5 points)
L'Écosse

Question 18 (5 points par
réponse)
a) Des écoliers
c) Des marins

Question 19 (3 points)
13 désserts (Jésus-Christ
et les 12 apôtres)

Question 20 (3 points)
L'anguille

Question 21 (3 points)
Non. C'était un saint
(saint Nicolas) qui s'occupait
des pauvres et leur distribuait
des cadeaux.

Question 22 (3 points)
Quand il n'y aura plus
d'enfants sages...

Comptez
vos points…

Maximum des points 202
Excellent

Entre 201 et 151
Très très bien

Entre 150 et 101
Très bien

Entre 100 et 51
Presque aussi bien que très bien

Entre 50 et 0
Presque aussi bien que presque très bien

Fête entre *Amis*

Noël donne lieu à nombre de fêtes et réceptions; c'est pourquoi nous vous proposons plusieurs recettes de hors-d'œuvre et de bouchées – quelques-unes raffinées et d'autres plus robustes – qui plairont à vos invités et leur permettront de survivre à tous ces toasts qu'ils porteront. Ces hors-d'œuvre élégants feront bonne impression sans être difficiles à confectionner. Vous pourrez les préparer vite et bien, ce qui plaira autant au chef qu'aux convives.

Sandwiches
aux œufs du Ritz
15 sandwiches • Préparation 1 heure 20 minutes

5 œufs durs, écalés	**Mayonnaise**
1 soupçon de tabasco	1 jaune d'œuf
10 tranches de pain blanc	2 ml (½ c. à thé) de sel
30 g (1 oz) de beurre à température ambiante	2 ml (½ c. à thé) de moutarde de Meaux
¼ de botte de cresson	150 ml (⅔ tasse) d'huile d'olive très légère
	5 ml (1 c. à thé) de vinaigre de xérès
	Poivre noir du moulin

1. Afin de préparer la mayonnaise, déposer le jaune d'œuf, le sel et la moutarde dans un bol. Fouetter vigoureusement à l'aide d'une cuiller de bois jusqu'à épaississement. Ajouter le quart de l'huile, une goutte à la fois, et verser en remuant la moitié du vinaigre.

2. Verser peu à peu le reste de l'huile en un mince filet sans cesser de fouetter. Ajouter en remuant le reste de vinaigre et poivrer au goût. Si la mayonnaise est trop liquide, ajouter 15 à 30 ml (1 à 2 c. à soupe) d'eau bouillante en fouettant vigoureusement.

3. Hacher grossièrement les œufs durs avant de les incorporer à la mayonnaise. Assaisonner de tabasco. Tartiner de beurre les tranches de pain, étaler la préparation aux œufs sur la moitié des tranches, garnir de cresson et coiffer des tranches qui restent. Appuyer fermement sur le pain, envelopper d'une pellicule plastique et réfrigérer pendant une heure. Tailler la croûte et découper les sandwiches en longs rectangles.

Doigts de poulet
au citron

25 doigts • Préparation 40 minutes • Cuisson 25 minutes

1 kg (2 lb) de filets de poitrines de poulet	**Pâte à frire**
Huile pour la friture en bain	2 blancs d'œufs
	60 ml (¼ tasse) de farine blanche
Marinade	60 ml (¼ tasse) de jus de citron
30 ml (2 c. à soupe) de sauce soja	
60 ml (¼ tasse) de xérès	**Sauce**
2 cm (¾ po) de gingembre frais, râpé	125 ml (½ tasse) de bouillon de poulet
Le zeste d'un citron	30 ml (2 c. à soupe) de jus de citron
10 ml (2 c. à thé) de sucre	30 ml (2 c. à soupe) de farine de maïs

1. Découper le poulet en lanières de 1 cm (½ po) de largeur à partir du côté le plus long du filet. Déposer les lanières dans un plat qui ne soit pas en métal. Mélanger les ingrédients pour faire la marinade, verser sur les lanières de poulet, remuer et laisser mariner pendant 30 minutes.

2. Pour faire la pâte à frire, fouetter les blancs d'œufs jusqu'à ce qu'ils montent en neige, puis incorporer la farine et le jus de citron.

3. Faire chauffer l'huile dans une friteuse à 180 °C (350 °F). Enlever les lanières de poulet de leur marinade et réserver cette dernière. Tremper cinq lanières à la fois dans la pâte et les faire frire jusqu'à ce qu'elles soient dorées. Les poser sur du papier absorbant qui boira le surplus d'huile. Refaire de même avec le reste des lanières.

4. Pour faire la sauce, verser la marinade réservée dans une casserole, ajouter le bouillon de poulet et porter à ébullition. Mélanger le jus de citron et la farine de maïs de manière à former une pâte homogène, l'ajouter en remuant dans la casserole, réduire l'intensité du feu et remuer jusqu'à ce que la sauce bouille et épaississe. Napper les doigts de poulet d'un filet de sauce avant de servir.

Craquelins aux olives
garnis de chèvre

60 bouchées • Préparation 2 heures 20 minutes • Cuisson 12 minutes

500 ml (2 tasses) de farine à gâteaux	
1 ml (¼ c. à thé) de sel	
1 pincée de sucre	
150 g (5 oz) de beurre froid, en dés	
75 g (2½ oz) de parmesan râpé	
125 ml (½ tasse) de lait	
100 g (3½ oz) d'olives noires dénoyautées, hachées fin	

Garniture

125 ml (½ tasse) de crème

220 g (7½ oz) de fromage de chèvre

1 poivron rouge grillé, découpé en fines lanières

½ botte de cerfeuil frais

1. Mélanger la farine, le sel, le sucre et le beurre à l'aide d'un robot de cuisine. Ajouter le parmesan et 75 ml (⅓ tasse) de lait, et mélanger jusqu'à obtention d'une pâte lisse. Ajouter les olives et le reste de lait.

2. Se fariner les mains et façonner la pâte en une boule que l'on divise ensuite en deux avant de poser chaque part sur une feuille de pellicule plastique. Rouler chaque part de pâte de manière à former deux colombins de 5 cm (2 po) de diamètre. Entourer les colombins de pellicule plastique que l'on tordra aux extrémités à la manière des papillotes qui enveloppent les bonbons. Réfrigérer pendant deux heures.

3. Faire chauffer le four à 180 °C (350 °F) et chemiser deux plaques à biscuits de papier sulfurisé. Déballer la pâte réfrigérée afin de la découper en tranches de 5 mm (¼ po) à l'aide d'un couteau bien aiguisé. Disposer les tranches sur les plaques à biscuits à 5 cm (2 po) les unes des autres et faire cuire au four pendant 10 à 12 minutes, jusqu'à ce que leurs pourtours soient fermes et dorés, et que leurs dessous soient quelque peu dorés. Les mettre à refroidir sur une clayette.

4. Entre-temps, on prépare la garniture. Incorporer la crème au fromage de chèvre jusqu'à obtention d'une pâte homogène.

5. Lorsque les craquelins aux olives ont refroidi, garnir chacun de 5 ml (1 c. à thé) de préparation au chèvre, d'une lanière de poivron rouge et d'un brin de cerfeuil.

Tartelettes
au fromage
20 tartelettes • Préparation 35 minutes • Cuisson 20 minutes

250 ml (1 tasse) de farine blanche
2 ml (½ c. à thé) de sel
125 g (4 oz) de beurre froid, en dés
20 g (¾ oz) d'olives noires hachées
250 ml (1 tasse) de crème
100 g (3½ oz) de cheddar fort, râpé
1 œuf fouetté
50 g (1¾ oz) de stilton ou d'un autre fromage bleu, émietté

1. Tamiser la farine et le sel au-dessus d'un bol. Incorporer les dés de beurre jusqu'à ce que la préparation ait la texture d'une chapelure grossière. Ajouter peu à peu 45 ml (3 c. à soupe) d'eau glacée et mélanger afin de former une pâte homogène. Façonner la pâte pour en faire une boule, l'envelopper de pellicule plastique et la mettre au réfrigérateur pendant 30 minutes.

2. Faire chauffer le four à 180 °C (350 °F). Abaisser la pâte et, à l'aide d'un emporte-pièce, prélever 20 cercles de 75 mm (3 po) de diamètre. Déposer les cercles dans des moules à tartelettes et réfrigérer pendant 15 minutes, puis percer le fond de chacune des tartelettes à l'aide d'une fourchette. Faire cuire au four pendant 10 minutes.

3. Entre-temps, mélanger avec soin les olives, la crème, le cheddar, l'œuf et le stilton. Déposer la préparation à la cuiller sur les fonds de tartelettes.

4. Faire cuire au four pendant 10 minutes ou jusqu'à ce que les tartelettes soient dorées. Les servir tièdes.

Tartelettes
à l'oignon et au cumin
16 tartelettes • Préparation 45 minutes • Cuisson 30 minutes

2 feuilles de pâte feuilletée du commerce
45 g (1 ½ oz) de beurre
5 ml (1 c. à thé) de graines de cumin
1 petit oignon en tranches fines
1 œuf
125 ml (½ tasse) de crème fraîche épaisse
Poivre noir du moulin

1. Découper la pâte en cercles de 7,5 cm (3 po) avant d'en tapisser le fond de moules à tartelettes cannelés; réfrigérer pendant 30 minutes.

2. Faire chauffer le four à 220 °C (425 °F). Faire cuire les abaisses pendant cinq minutes ou jusqu'à ce que la croûte soit ferme, ramener la chaleur du four à 200 °C (400 °F) et prolonger la cuisson de cinq minutes ou jusqu'à ce que la croûte soit dorée. Laisser refroidir.

3. Entre-temps, faire fondre le beurre dans une poêle à frire à feu moyen jusqu'à ce qu'il soit chaud et qu'il mousse. Ajouter les graines de cumin et l'oignon et faire cuire jusqu'à ce que l'oignon soit fondu et transparent. Bien égoutter. Dans un bol, mélanger à l'aide d'un fouet l'œuf, la crème et le poivre noir.

4. Ramener la température du four à 180 °C (350 °F). Appuyer sur le fond des abaisses si la pâte a gonflé avant d'y étaler la garniture à l'oignon de façon uniforme. Verser la préparation à l'œuf et faire cuire au four pendant 15 minutes ou jusqu'à ce que la surface des tartelettes soit dorée. Servir tiède.

Biscuits au romarin
et pâte d'anchois et de parmesan

60 biscuits • Préparation 2 heures 20 minutes • Cuisson 10 minutes

125 g (4 oz) de beurre	1 pincée de poivre de Cayenne
375 g (13 oz) de fromage à la crème à température ambiante	8 anchois
150 ml (⅔ tasse) de farine blanche tamisée	100 g (3 ½ oz) de parmesan râpé
1 brin de romarin (les feuilles sans la tige, hachées fin)	Le zeste de 3 citrons
	Le jus d'un demi-citron

1. Fouetter le beurre et le tiers du fromage à la crème jusqu'à obtention d'une consistance homogène. Ajouter la farine, le romarin et le poivre de Cayenne, et mélanger avec soin à la fourchette.

2. Poser la pâte sur deux grandes pellicules plastique. Rouler chaque part de pâte de manière à former deux colombins de 4 cm (1 ½ po) de diamètre. Entourer les colombins de pellicule plastique que l'on tordra aux extrémités à la manière des papillotes qui enveloppent les bonbons. Réfrigérer pendant deux heures.

3. Faire chauffer le four à 200 °C (400 °F) et enduire légèrement de beurre le fond de trois plaques à biscuits. Découper les colombins en tranches de 5 mm (¼ po) que l'on dispose ensuite sur les plaques pour les faire cuire au four pendant 8 à 10 minutes ou jusqu'à ce que les biscuits soient dorés.

4. Entre-temps, déposer les anchois, le parmesan, le tiers du zeste de citron, le jus de citron et le reste de fromage à la crème dans le bol d'un robot de cuisine. Mélanger pendant un bref instant jusqu'à obtention d'une pâte plutôt grossière. Garnir chaque biscuit d'une cuillerée de pâte d'anchois et d'un peu de zeste de citron.

Ces biscuits se conservent au congélateur pendant près de six mois.

Scones de Noël et aïoli
aux œufs de poisson

15 scones • Préparation 15 minutes • Cuisson 15 minutes

500 ml (2 tasses) de farine à gâteaux	60 ml (¼ tasse) de mayonnaise
10 ml (2 c. à thé) de sucre	60 ml (¼ tasse) de crème aigre
30 g (1 oz) de beurre en dés	3 ou 4 brins d'aneth hachés
150 ml (⅔ tasse) de babeurre	Sel et poivre noir du moulin
100 g (3½ oz) de crevettes cuites, décortiquées, déveinées, hachées grossièrement	50 g (1¾ oz) d'œufs de saumon ou de truite

1. Faire chauffer le four à 220 °C (425 °F) et chemiser une plaque à biscuits de papier sulfurisé. Mélanger la farine et le sucre dans un bol. Ajouter le beurre et l'incorporer à la farine du bout des doigts. Creuser un puits au centre du bol. Verser le babeurre et, à l'aide d'un couteau, mélanger à la farine et au beurre pour former une pâte souple et gluante. Poser la pâte sur un plan de travail fariné afin de la pétrir quelque peu. Déposer la pâte sur une plaque à biscuits et l'aplanir à l'aide d'un rouleau à pâtisserie jusqu'à ce qu'elle ait 2 cm (¾ po) d'épaisseur, y découper des étoiles et les éloigner les unes des autres afin qu'elles puissent prendre du volume au cours de la cuisson. Faire cuire au four pendant 10 à 15 minutes ou jusqu'à ce que la pâte soit dorée.

2. Mélanger les crevettes, la mayonnaise, la crème aigre et l'aneth. Saler, poivrer et incorporer les œufs de poisson. Sortir les scones du four et les mettre à refroidir sur une clayette de métal.

3. Découper les grandes étoiles et les garnir d'aïoli; quant aux formes plus petites, les fourrer d'une cuillerée de préparation et les garnir de brins d'aneth. Réunir les formes à la manière des pièces d'un puzzle pour faire une jolie présentation.

Omelette *Parmentier*

8 portions • Préparation 4 minutes • Cuisson 12 minutes

1 kg (2 lb) de pommes de terre pelées
250 ml (1 tasse) d'huile d'olive
1 petit oignon en dés fins
Sel et poivre noir du moulin
5 œufs fouettés

1. Rincer et assécher les pommes de terre avant de les découper en tranches fines. Mettre l'huile à chauffer dans une poêle à frire, ajouter les pommes de terre et l'oignon, saler, poivrer et couvrir la poêle. Faire frire à feu doux en remuant la poêle afin que les légumes n'y attachent pas; les pommes de terre ne doivent pas devenir croustillantes.

2. Lorsque les pommes de terre sont cuites, les défaire un peu et les retirer de la poêle à l'aide d'une cuiller à rainures. Les ajouter aux œufs fouettés et remuer afin de bien les enduire. Saler davantage, s'il le faut.

3. Enlever une bonne part d'huile de la poêle à frire pour n'en laisser que 15 ml (1 c. à soupe) environ et la faire réchauffer. Préparer une assiette dont le diamètre est quelque peu plus grand que celui de la poêle. Retourner la préparation aux œufs et aux pommes de terre dans la poêle et faire cuire pendant quelques minutes, jusqu'à ce qu'un côté soit doré. Faire glisser délicatement l'omelette dans l'assiette, du côté cuit, et la remettre dans la poêle du côté qui ne l'est pas. Faire cuire jusqu'à ce qu'elle soit figée. Tailler en petites pointes avant de servir.

Toasts
au foie et à la sauge
40 toasts • Préparation 15 minutes • Cuisson 8 minutes

30 g (1 oz) de beurre doux	15 ml (1 c. à soupe) d'huile d'olive
½ oignon haché	500 g (1 lb) de foies de poulet, parés et hachés
15 ml (1 c. à soupe) de câpres hachées	
6 feuilles de sauge fraîche	125 g (4 oz) de parmesan râpé
15 ml (1 c. à soupe) de xérès sec	Le jus d'un citron
Poivre noir du moulin	80 g (3 oz) de toasts miniatures
½ botte de persil frais, haché	

1. Faire fondre le beurre dans une poêle à frire à feu assez doux et faire cuire l'oignon jusqu'à ce qu'il ait fondu. Ajouter les câpres, la sauge, le xérès et le poivre noir, et faire mijoter en remuant jusqu'à ce qu'une bonne part du liquide se soit évaporée. Faire refroidir quelque peu, ajouter le persil et déposer le tout dans le bol d'un robot de cuisine.

2. Dans une autre poêle, faire chauffer l'huile à feu plutôt vif pour y faire sauter les foies pendant une ou deux minutes ou jusqu'à ce qu'ils soient dorés à l'extérieur et à cœur rosé. Les ajouter à la préparation à l'oignon et mélanger jusqu'à obtention d'une purée grossière. Incorporer le parmesan et le jus de citron.

3. Garnir chaque toast d'une petite cuillerée de préparation et servir.

Brioches miniatures
au saumon fumé

24 brioches • Préparation 12 heures • Cuisson 18 minutes

Pâte briochée	**Farce**
5 ml (1 c. à thé) de levure en poudre	Le jus d'un citron
250 ml (1 tasse) de farine blanche	500 g (1 lb) de fromage à la crème à température ambiante
22 ml (1 ½ c. à soupe) de sucre semoule	½ botte d'aneth frais, haché fin
2 ml (½ c. à thé) de sel	½ botte de ciboulette fraîche, hachée fin
3 œufs, plus 1 jaune d'œuf	½ oignon rouge de taille moyenne, râpé
150 g (5 oz) de beurre doux, fondu et refroidi	125 g (4 oz) de tranches de saumon fumé, chacune découpée en 3 ou 4 morceaux

1. Afin de faire la pâte briochée, mélanger la levure à 30 ml (2 c. à soupe) d'eau chaude. Doter le robot de cuisine d'une lame de plastique, ajouter la farine, le sucre et le sel, et mélanger brièvement.

2. Ajouter les œufs, le beurre et la levure détrempée, et mélanger avec soin. Verser dans un bol dont la paroi est enduite de beurre, couvrir la surface de la pâte d'une pellicule plastique et couvrir le bol de façon hermétique avec d'autre pellicule. Réfrigérer jusqu'au lendemain.

3. À l'aide des plus petits moules à tartelettes cannelés que l'on peut trouver, prélever de petites parts de pâte, les façonner en boules et les déposer dans les moules de façon à les emplir aux deux tiers. Poser les moules sur une plaque à biscuits, les couvrir d'un torchon à vaisselle et les laisser reposer dans un lieu chaud afin que la pâte lève et emplisse presque tous les moules.

4. Faire chauffer le four à 200 °C (400 °F). Mélanger le jaune d'œuf à 5 ml (1c. à thé) d'eau et une pincée de sel; badigeonner le dessus des brioches de cette préparation et les faire cuire au four pendant 15 à 18 minutes ou jusqu'à ce qu'elles soient dorées. Les Laisser reposer dans les moules pendant cinq minutes avant de les démouler et les mettre à refroidir sur une clayette.

5. Pour faire la farce, ajouter le jus de citron au fromage à la crème et fouetter jusqu'à obtention d'une consistance homogène; ajouter ensuite les herbes et l'oignon et remuer de nouveau. Pratiquer une incision diagonale jusqu'au cœur de chaque brioche, y tartiner une généreuse portion de garniture au fromage et ajouter un tortillon de saumon. Couvrir et conserver dans un endroit frais pendant au plus trois heures avant de servir.

Chaussons *aux légumes*

36 chaussons • Préparation 15 minutes • Cuisson 25 minutes

1 botte d'épinards hachés fin	15 g (½ oz) de beurre
1 gros oignon haché	Sel et poivre noir du moulin
3 pommes de terre Sebago de taille moyenne, pelées, en dés	1 petite botte de persil frais, haché
	4 feuilles de pâte feuilletée du commerce
130 g (4½ oz) de dés de citrouille	125 ml (½ tasse) de lait
1 carotte pelée, en dés	

1. Mélanger les épinards, l'oignon, les pommes de terre, la citrouille et la carotte avant de les faire cuire à la vapeur pendant 8 à 10 minutes. Égoutter avec soin, réduire en purée, ajouter le beurre, le sel, le poivre et le persil.

2. Faire chauffer le four à 200 °C (400 °F) et chemiser trois plaques à biscuits de papier sulfurisé. Découper chaque feuille de pâte en neuf carrés de même dimension. Déposer une généreuse cuillerée de farce aux légumes à un angle de chaque carré de pâte. Badigeonner les pourtours de lait et replier la pâte de manière à former un triangle. Appuyer sur les pourtours afin d'emprisonner la farce à l'intérieur. Badigeonner d'un peu de lait et faire cuire au four pendant 10 à 15 minutes.

Dîner Élégant

Si, cette année, vous avez décidé comme un nombre croissant de gens de passer Noël sous des cieux plus chauds, nous avons regroupé quelques recettes actuelles visant à accentuer le caractère détente au bord de la piscine. Si vous êtes au cœur d'une tempête de neige, vous pouvez augmenter le chauffage et organiser une fête tropicale autour de ces recettes. Par contre, si vous êtes vraiment sous les tropiques, ouvrez les jalousies, commandez un cocktail matinal et dressez la liste des courses en prévision de votre passage au marché aux poissons !

Huîtres grillées
au champagne et à la crème

4 portions • Préparation 2 minutes • Cuisson 7 minutes

12 huîtres fraîches dans leurs coquilles, écaillées
125 ml (½ tasse) de bouillon de poisson
60 ml (¼ tasse) de champagne
30 g (1 oz) de beurre
30 ml (2 c. à soupe) de crème épaisse
Poivre noir du moulin
50 g (1¾ oz) d'épinards miniatures

1. Déposer les écailles d'huîtres dans un plat allant au four chemisé de papier d'aluminium froissé afin qu'elles soient de niveau.

2. Faire mijoter le bouillon de poisson afin d'y pocher les huîtres pendant 30 à 60 secondes, jusqu'à ce qu'elles soient fermes. Retirer les huîtres de la casserole, ajouter le champagne et faire bouillir pendant deux minutes afin que réduise le liquide. Retirer du feu et incorporer le beurre, puis la crème, en remuant à l'aide d'un fouet. Poivrer au goût.

3. Activer la salamandre à la puissance maximale. Faire cuire les épinards dans une casserole d'eau pendant deux ou trois minutes, jusqu'à ce qu'ils soient fanés. Exprimer le surplus d'eau et répartir les feuilles entre les écailles d'huîtres. Garnir chacune d'une huître et d'une cuillerée de sauce. Passer sous la salamandre pendant une minute ou jusqu'à ce que les huîtres soient bien chaudes.

Salade
de fruits de mer grillés
8 portions • Préparation 1 heure 15 minutes • Cuisson 8 minutes

30 ml (2 c. à soupe) de jus de citron	1 botte de cresson rompue en bouquets
15 ml (1 c. à soupe) d'huile d'olive	1 gros oignon rouge, découpé en anneaux
300 g (10½ oz) de poisson blanc à chair ferme (espadon, maquereau ou morue), en cubes de 25 mm (1 po)	1 concombre anglais pelé, en tranches fines
300 g (10½ oz) de poisson rose (saumon, makaire ou thon), en cubes de 25 mm (1 po)	**Vinaigrette à la framboise et à l'estragon**
	3 brins d'estragon (les feuilles sans les tiges)
12 pétoncles	30 ml (2 c. à soupe) de vinaigre de framboise ou de vin rouge
12 crevettes crues (avec ou sans écaille)	30 ml (2 c. à soupe) de jus de citron
1 tentacule de calmar ou d'encornet découpé en anneaux	15 ml (1 c. à soupe) d'huile d'olive
	Poivre noir du moulin

1. Verser le jus de citron et l'huile dans un bol et mélanger à l'aide d'un fouet. Ajouter le poisson blanc, le poisson rose, les pétoncles, les crevettes et le calmar. Touiller afin de bien mélanger. Couvrir et faire mariner au réfrigérateur pendant une heure ou jusqu'au moment de servir (éviter de laisser mariner pendant plus de deux heures).

2. Pour faire la vinaigrette, mettre l'estragon, le vinaigre, le jus de citron, l'huile et le poivre noir dans un bocal à couvercle vissé. Agiter le bocal afin de mélanger les ingrédients et mettre de côté.

3. Faire chauffer le barbecue ou le gril jusqu'à ce qu'il soit très chaud. Tapisser de cresson le fond d'une assiette de service. Égoutter la préparation aux fruits de mer avant de la déposer sur une plaque à barbecue ou dans une poêle. Ajouter l'oignon et faire cuire, en retournant les fruits de mer plusieurs fois, pendant six à huit minutes ou jusqu'à ce qu'ils soient à point. Éviter de trop faire cuire, à défaut de quoi les fruits de mer seront coriaces et secs.

4. Verser les fruits de mer dans un bol. Ajouter le concombre et la vinaigrette. Touiller afin de mélanger. Déposer à la cuiller la préparation aux fruits de mer sur le cresson et servir sans tarder.

Salade
de pieuvres miniatures
4 portions • Préparation 1 heure 15 minutes • Cuisson 8 minutes

1 kg (2 lb) de pieuvres miniatures
nettoyées et parées

2 cm (¾ po) de gingembre frais, râpé

Le jus d'une limette

125 ml (½ tasse) d'huile de cacahuètes

5 ml (1 c. à thé) d'huile de sésame

30 ml (2 c. à soupe) de kecap manis

3 gousses d'ail écrasées

1. Déposer les pieuvres dans un bol de verre. Mélanger les autres ingrédients avant de les verser sur les pieuvres. Couvrir et réfrigérer pendant une heure ou plus, jusqu'au lendemain de préférence.

2. Faire chauffer la plaque d'un barbecue. Égoutter les pieuvres et réserver la marinade. Faire cuire les pieuvres jusqu'à ce que les tentacules soient recourbés et foncés. Retourner souvent les pieuvres et ajouter un peu de marinade au cours de la cuisson.

3. Servir les pieuvres sur une généreuse quantité de mesclun.

Crevettes  *à la chermoula*

8 portions • Préparation 4 heures • Cuisson 3 minutes

24 crevettes crues, étêtées et décortiquées	75 ml (⅓ tasse) de persil plat
	1 petit piment chili épépiné et haché
¼ de petit oignon rouge, haché grossièrement	5 ml (1 c. à thé) de cumin moulu
	2 ml (½ c. à thé) de paprika doux
2 gousses d'ail hachées grossièrement	30 ml (2 c. à soupe) de jus de limette
75 ml (⅓ tasse) de coriandre	30 ml (2 c. à soupe) d'huile d'olive
75 ml (⅓ tasse) de menthe	2 limettes découpées en quartiers

1. Faire tremper dans l'eau huit brochettes de bambou pendant 30 minutes. Enlever les veines des crevettes. Embrocher trois crevettes par tige de bambou et les poser dans un plat peu profond.

2. Déposer l'oignon, l'ail, la coriandre, la menthe, le persil plat, le chili, le cumin, le paprika, le jus de limette et l'huile d'olive dans le bol d'un robot de cuisine. Mélanger jusqu'à obtention d'une consistance homogène. Verser la marinade sur les crevettes, couvrir le plat d'une pellicule plastique et réfrigérer pendant trois ou quatre heures.

3. Faire cuire les crevettes sur le barbecue pendant deux ou trois minutes ou jusqu'à ce qu'elles soient à point. Servir avec des quartiers de limette.

Crevettes en crapaudine à l'ail,
au chili et au persil

6 portions • Préparation 3 heures • Cuisson 15 minutes

1 kg (2 lb) de crevettes crues, décortiquées, avec leurs queues	2 piments chilis épépinés, hachés fin
30 ml (2 c. à soupe) d'huile d'olive	60 ml (¼ tasse) de persil haché
15 ml (1 c. à soupe) de jus de citron	Huile pour la friture en bain
2 gousses d'ail écrasées	125 ml (½ tasse) de farine blanche
	2 citrons découpés en quartiers

1. Pratiquer une incision au dos des crevettes afin d'en retirer les veines. Mélanger l'huile d'olive, le jus de citron, l'ail, les chilis et le persil dans un bol. Ajouter les crevettes, mélanger avec soin et laisser mariner pendant deux ou trois heures.

2. Mettre l'huile à chauffer dans une grande poêle. Fariner les crevettes, les déposer par lots dans l'huile et les faire frire pendant deux ou trois minutes au maximum. Les poser sur des essuie-tout qui absorberont le surplus d'huile. Servir avec les quartiers de citron et davantage de persil.

Crustacés
en sauce chili
4 portions • Préparation 10 minutes • Cuisson 15 minutes

2 homards ou écrevisses cuits d'environ 650 g (1 ½ lb) chacun	½ petit oignon haché fin
15 ml (1 c. à soupe) d'huile de cacahuètes	1 petit piment chili rouge épépiné, haché fin
2 ml (½ c. à thé) de poivre de Cayenne	2 ml (½ c. à thé) de paprika fumé
60 ml (¼ tasse) de coriandre	15 ml (1 c. à soupe) de concentré de tomates séchées
Salsa	Le zeste et le jus d'une limette
75 ml (⅓ tasse) d'huile d'olive extra-vierge	1 limette entière
1 poivron rouge épépiné, en dés	Sel et poivre noir du moulin

1. Pour faire la salsa, mettre l'huile à chauffer dans une casserole et faire frire le poivron, l'oignon, le piment chili et le paprika pendant cinq minutes. Ajouter en remuant le concentré de tomates séchées, le zeste et le jus de limette et assaisonner au goût. Verser la salsa dans un bol. Peler et défaire la limette entière en quartiers, découper en petits morceaux et mettre de côté.

2. Afin de découper les homards en deux sur le sens de la longueur, les poser sur le dos. À l'aide d'un long couteau tranchant, découper d'abord l'extrémité de la tête, retourner ensuite le homard sur le ventre et le découper jusqu'à la queue. Jeter le petit sac grisâtre qui se trouve à l'intérieur de la tête et le fil noir qui court le long du dos. Briser les grosses pinces à l'aide d'un marteau ou d'un rouleau à pâtisserie en bois.

3. Faire chauffer une grande poêle à frire antiadhésive ou une plaque de fonte à la surface striée jusqu'à ce qu'elle soit très chaude. Ajouter l'huile de cacahuètes et le poivre de Cayenne, poser sans tarder les moitiés de homard sur leur chair et les faire cuire pendant deux ou trois minutes. Garnir les homards de salsa, de morceaux de limette et de coriandre. Servir immédiatement avec la salsa qui reste en accompagnement.

Crustacés au beurre
parfumé au brandy et à l'estragon
4 portions • Préparation 10 minutes • Cuisson 12 minutes

2 homards ou écrevisses d'environ 650 g (1 ½ lb) chacun
Sel et poivre noir du moulin
50 g (1¾ oz) de beurre fondu
15 ml (1 c. à soupe) d'huile d'olive
45 ml (3 c. à soupe) de brandy
4 brins d'estragon (les feuilles sans les tiges)

1. Rincer les homards à l'eau froide du robinet et les assécher à l'aide de papier essuie-tout. Afin de découper les homards en deux sur le sens de la longueur, les poser sur le dos. À l'aide d'un long couteau tranchant, découper d'abord l'extrémité de la tête, retourner ensuite le homard sur le ventre et le découper jusqu'à la queue. Jeter le petit sac grisâtre qui se trouve à l'intérieur de la tête et le fil noir qui court le long du dos. Saler, poivrer et badigeonner généreusement les découpes de la moitié du beurre fondu.

2. Faire chauffer le four à 200 °C (400 °F). Verser l'huile d'olive dans une grande sauteuse allant au four et y faire sauter le homard pendant deux ou trois minutes. Enfourner et faire cuire pendant huit minutes.

3. Déposer le homard dans un plat de service. Ajouter le brandy, le reste de beurre et l'estragon au jus de cuisson et faire cuire à feu vif pendant 30 à 60 secondes ou jusqu'à ce que le beurre commence à mousser et à dorer. Verser la sauce sur le homard et servir.

Homard
en sauce Mornay

4 portions • Préparation 15 minutes • Cuisson 8 minutes

2 homards de taille moyenne, cuits et découpés en deux	5 grains de poivre noir
	30 g (1 oz) de beurre, plus 15 g (½ oz)
Sauce Mornay	30 ml (2 c. à soupe) de farine blanche
300 ml (1 ¼ tasse) de lait	60 ml (¼ tasse) de crème
1 feuille de laurier	65 g (2 ¼ oz) de cheddar râpé
1 petit oignon haché	Sel et poivre noir du moulin
	65 g (2 ¼ oz) de chapelure fraîche

1. Retirer la chair du homard de la carapace afin de la découper en bouchées. Réserver la carapace.

2. Dans une casserole, mettre le lait, la feuille de laurier, l'oignon et les grains de poivre. Porter doucement au point d'ébullition. Retirer du feu, couvrir et laisser infuser pendant 10 minutes. Passer au tamis.

3. Dans une autre casserole, faire fondre 30 g (1 oz) de beurre puis retirer du feu. Ajouter en remuant la farine et verser peu à peu le lait tamisé. Remettre la casserole sur le feu et remuer sans cesse jusqu'à ce que la sauce bouille et épaississe. Faire mijoter pendant une minute, retirer du feu, ajouter la crème, le fromage, le sel et le poivre. Remuer la sauce jusqu'à ce que fonde le fromage, et ajouter le homard.

4. Répartir la préparation entre les carapaces. Faire fondre le reste de beurre dans une petite casserole, ajouter la chapelure et remuer afin de mélanger. Saupoudrer la chapelure sur le homard et passer quelques secondes sous la salamandre.

Crustacés
aux herbes vertes
4 portions • Préparation 20 minutes • Cuisson 30 minutes

650 g (1 ½ lb) de homard ou d'écrevisse	
45 ml (3 c. à soupe) d'huile d'olive extra-vierge	
Sel et poivre noir du moulin	
2 petites pommes de terre en dés	
2 tomates de taille moyenne, en dés	
¼ d'avocat en dés	
1 concombre libanais pelé, en dés	
1 brin de cerfeuil haché	
1 brin d'estragon (les feuilles sans la tige)	
30 g (1 oz) de laitue romaine miniature	

Bouquet garni

3 brins de persil
2 grandes feuilles de laurier
3 brins de thym
3 brins d'estragon

Court-bouillon

500 ml (2 tasses) de vin blanc sec
2 carottes pelées, en tranches
2 tiges de céleri en tranches
1 oignon en tranches
7 ml (1 ½ c. à thé) de gros sel de mer
5 grains de poivre noir

1. Préparer le bouquet garni. Réunir les herbes et les ficeler solidement.

2. Pour faire le court-bouillon, mélanger le vin blanc, les légumes, le sel de mer, les grains de poivre, le bouquet garni et 1 l (4 tasses) d'eau. Porter à ébullition, puis plonger le homard dans le court-bouillon pendant six minutes. Égoutter et laisser refroidir.

3. Retirer la chair de la carapace sans défaire le tronc. Retirer avec soin la chair des articulations et des pattes. Découper le tronc en médaillons et hacher fin la chair des pattes et des éléments de la queue. Napper les médaillons de 15 ml (1 c. à soupe) d'huile d'olive, saler, poivrer et griller légèrement.

4. Faire cuire les pommes de terre à l'eau bouillante; il faut compter 20 minutes environ. Alors qu'elles sont chaudes, découper les pommes de terre en fines rondelles et mettre de côté. Mélanger les tomates, l'avocat et le concombre aux herbes et au homard haché. Assaisonner au goût.

5. Répartir la préparation au homard sur quatre assiettes de service. Déposer la romaine miniature sur les portions de homard que l'on garnit ensuite de médaillons de homard et de rondelles de pommes de terre. Napper du reste d'huile d'olive et servir.

Salade de crustacés
et de truite fumée

4 portions • Préparation 15 minutes

1 écrevisse ou 1 homard cuits	**Vinaigrette**
400 g (14 oz) de truite fumée	Le jus de 2 limettes
1 concombre	15 ml (1 c. à soupe) de sucre de palme
1 carotte pelée	125 ml (½ tasse) d'huile d'olive
1 zucchini vert	Sel et poivre noir du moulin
1 zucchini jaune	
100 g (3½ oz) de feuilles de tatsoï	

1. Retirer la chair du tronc du homard, la trancher fin et la mettre de côté. Autrement, demander à son poissonnier de le faire. Découper la truite fumée en fines lanières et mettre de côté.

2. Découper le concombre en deux sur le sens de la longueur, l'épépiner à l'aide d'une cuiller parisienne et passer à la mandoline ou à l'économe pour faire de longues bandes semblables à des fettucines. Découper la carotte de la même manière. Découper les zucchinis entiers en longues bandes fines.

3. Mélanger délicatement le homard, la truite, les légumes et les feuilles de tatsoï.

4. Pour faire la vinaigrette, faire chauffer le jus de limette et le sucre de palme jusqu'à ce que fonde ce dernier. Verser dans un bol et incorporer l'huile d'olive à l'aide d'un fouet jusqu'à ce que la préparation épaississe et que l'huile et le jus de limette aient fait une émulsion. Saler, poivrer et mélanger avec les ingrédients de la salade. Disposer la salade dans de jolies assiettes et servir.

Saumon à l'oignon
au beurre de vin rouge

4 portions • Préparation 1 heure 10 minutes • Cuisson 15 minutes

125 ml (½ tasse) de vin rouge
½ petit oignon rouge, haché fin
75 g (2½ oz) de beurre à température ambiante
60 ml (¼ tasse) de persil frais, haché fin
1 gousse d'ail hachée très fin
Sel de mer et poivre noir du moulin
15 ml (1 c. à soupe) d'huile de tournesol
4 filets de saumon d'environ 175 g (6 oz) chacun, sans la peau

1. Déposer le vin rouge et l'oignon dans une petite casserole et porter à ébullition. Faire bouillir rapidement pendant quatre ou cinq minutes à feu vif ou jusqu'à ce que le vin ait réduit et qu'il n'en reste que 30 ml (2 c. à soupe) environ. Retirer du feu et laisser refroidir.

2. Dans un bol, fouetter le beurre jusqu'à ce qu'il soit crémeux, ajouter le persil, l'ail, l'assaisonnement et la réduction de vin, et mélanger à l'aide d'une fourchette. Poser le beurre sur une feuille de pellicule plastique elle-même posée sur du papier sulfurisé et façonner en un colombin. Réfrigérer jusqu'à ce que le beurre ait durci.

3. Faire chauffer l'huile à feu moyen dans une grande poêle à frire et y faire cuire le saumon pendant quatre minutes. Tourner et faire cuire pendant trois ou quatre minutes de plus, jusqu'à ce que la chair soit floconneuse. Découper le beurre en quatre morceaux, en déposer un morceau sur chaque filet et faire cuire deux minutes de plus avant de servir.

Le grand Banquet

Pour plusieurs d'entre nous, voilà l'essence même de la tradition culinaire de Noël : une oie ou une dinde rôtie, un rôti de bœuf ou un jambon (ou, avec un peu de chance, les deux !). La Nativité nous offre la possibilité de cuisiner ces mets qui nous rappellent d'heureux souvenirs de notre enfance, ces mets si délicieux que nous devions toujours en redemander une seconde portion, parfois même une troisième. Ces recettes expliquent pourquoi notre volonté faiblit entre Noël et l'Épiphanie et pourquoi nous mangeons parfois trop !

Rôti
de porc

6 portions • Préparation 15 minutes • Cuisson 1 heure 45 minutes

1,5 kg (3 lb) de longe de porc désossée	60 ml (¼ tasse) de noix macadamia hachées
15 à 30 ml (1 à 2 c. à soupe) d'huile d'olive	3 oignons verts en tranches
Sel	Le zeste d'une orange
	5 ml (1 c. à thé) d'herbes mélangées
Farce à l'abricot et aux noix macadamia	60 ml (¼ tasse) de sauge hachée
125 ml (½ tasse) d'abricots déshydratés, hachés fin	175 ml (¾ tasse) de chapelure fraîche
	30 g (1 oz) de beurre fondu

1. Mélanger tous les ingrédients pour faire la farce dans un bol et mettre de côté. Faire chauffer le four à 220 °C (425 °F).

2. Pratiquer des incisions sur la couenne du porc à l'aide d'un couteau tranchant. Poser le rôti sur son gras sur un plan de travail propre. Inciser la chair jusqu'en son centre; étaler la farce de façon uniforme sur la chair, rouler et ficeler à intervalles réguliers.

3. Poser le rôti sur une clayette au-dessus d'un plateau de cuisson. Le badigeonner d'huile d'olive et frotter la peau de sel.

4. Faire cuire au four pendant 20 à 30 minutes, réduire la température à 180 °C (350 °F) et poursuivre la cuisson pendant 60 à 90 minutes ou jusqu'à ce que la chair soit cuite. Sortir du four et couvrir de papier d'aluminium. Laisser reposer pendant 15 minutes avant de découper. Servir avec des pommes de terre et de la citrouille rôties.

Jambon glacé
à la bière brune

20 à 30 portions • Préparation 40 minutes • Cuisson 3 heures 35 minutes

1 jambon cuit de 7,5 kg (16½ lb)
40 clous de girofle
500 ml (2 tasses) de bière brune
170 g (6 oz) de cassonade
30 ml (2 c. à soupe) de moutarde
5 ml (1 c. à thé) de gingembre moulu
10 ml (2 c. à thé) de cardamome moulue

1. Faire chauffer le four à 160 °C (325 °F). Enlever la couenne du jambon en en laissant une partie autour de l'os. Pratiquer des incisions dans les deux sens de la diagonale à la surface du jambon et introduire un clou de girofle au centre de chaque recoupement. Poser le jambon sur sa chair (le gras doit être sur le dessus) dans un plat de rôtissage et verser dessus 425 ml (1¾ tasse) de bière brune. Faire cuire au four pendant trois heures en badigeonnant de bière de temps en temps. Sortir le jambon du four pour le badigeonner avec soin.

2. Accroître la température du four à 200 °C (400 °F). Mélanger la cassonade, la moutarde, le gingembre, la cardamome et suffisamment de bière brune restante pour faire une pâte. Étaler cette pâte sur le jambon et faire cuire pendant 35 minutes ou jusqu'à ce qu'il soit bien glacé.

Cailles
aux raisins
6 portions • Préparation 10 minutes • Cuisson 10 minutes

6 cailles en crapaudine
Sel et poivre noir du moulin
90 g (3 oz) de beurre
250 ml (1 tasse) de vin rouge sec
10 ml (2 c. à thé) de sucre
30 ml (2 c. à soupe) de jus de citron
100 g (3 ½ oz) de raisins rouges sans pépins, découpés en deux

1. Faire chauffer le four à 200 °C (400 °F). Éponger les cailles à l'aide de papier essuie-tout avant de les saler et poivrer au goût. Faire fondre le beurre dans une cocotte peu profonde thermorésistante ou dans une grande poêle à frire à feu assez vif et faire cuire les cailles jusqu'à ce qu'elles soient dorées sur toutes leurs faces. Par la suite, les enfourner et prolonger la cuisson de cinq minutes.

2. Entre-temps, verser le vin, le sucre et le jus de citron dans une petite casserole et porter à ébullition. Réduire l'intensité du feu à la puissance minimale et faire mijoter doucement pendant 10 minutes. Ajouter les moitiés de raisins et faire cuire pendant cinq minutes de plus. Verser la sauce sur les cailles.

Demandez à votre boucher d'ouvrir les cailles et de les aplatir en crapaudine.

Poussins *glacés*

6 portions • Préparation 30 minutes • Cuisson 1 heure 15 minutes

6 poussins de 500 g (16 oz) chacun	Le zeste d'un demi-citron
30 g (1 oz) de beurre	Sel et poivre noir du moulin
150 g (5 oz) de cresson de fontaine	125 ml (½ tasse) de vin blanc sec ou de jus d'orange

Farce aux pignons

60 g (2 oz) de beurre doux

3 ciboules hachées fin

180 g (6½ oz) de pain rance, en dés

1 tige de céleri hachée fin

90 g (3 oz) de raisins de Smyrne

30 g (1 oz) de pignons hachés

¼ de botte de persil plat, haché fin

Le zeste d'une demi-orange

Sirop à la mangue

60 g (2 oz) de sucre

15 ml (1 c. à soupe) de vinaigre de vin blanc

125 ml (½ tasse) de jus d'orange

L'écorce d'une demi-orange découpée en fines lanières

60 g (2 oz) de chutney à la mangue

1. Faire chauffer le four à 200 °C (400 °F). Pour faire la farce, faire fondre le beurre dans une poêle à frire à feu doux et faire cuire les ciboules pendant cinq minutes. Retirer du feu et ajouter en remuant les autres ingrédients de la farce.

2. Éponger les poussins à l'aide de papier essuie-tout. Farcir le ventre des volatiles, les brider, les saler et poivrer, et enfin les poser sur la clayette d'une rôtissoire. Faire fondre 30 g (1 oz) de beurre afin de badigeonner les poussins et faire rôtir pendant 30 minutes.

3. Pour faire le sirop, faire fondre le sucre dans le vinaigre dans une petite casserole non réactive à feu moyen et faire cuire jusqu'à ce que le liquide soit d'un ambre pâle. Retirer du feu, ajouter en remuant le jus et l'écorce d'orange, retourner sur le feu et faire cuire en remuant jusqu'à obtention d'une consistance homogène. Ajouter le chutney en remuant.

4. Réduire la température du four à 180 °C (350 °F) et faire rôtir les poussins pendant 15 minutes. Badigeonner de sirop et faire rôtir pendant 30 minutes de plus ou jusqu'à ce que les poussins soient cuits, en les badigeonnant à intervalles de 10 minutes. Garnir de cresson de fontaine et servir.

Canard
à l'orange

8 portions • Préparation 15 minutes • Cuisson 1 heure 30 minutes

2 canards de 2,5 kg (5½ lb)	22 ml (1½ c. à soupe) d'arrow-root
L'écorce d'une orange	125 ml (½ tasse) de porto,
Sel et poivre noir du moulin	plus 30 ml (2 c. à soupe)
	L'écorce de 2 oranges râpée
Sauce à l'orange	30 ml (2 c. à soupe) d'eau-de-vie
75 ml (⅓ tasse) de sucre	parfumée à l'orange
60 ml (¼ tasse) de vinaigre de xérès	20 g (¾ oz) de beurre
375 ml (1½ tasse) de bouillon de canard	

1. Pour faire le bouillon de canard, mettre à chauffer un peu d'huile dans une casserole pour y faire dorer le cou et les abats des canards. Enlever tout le gras, ajouter 500 ml (2 tasses) d'eau et un bouquet garni, et faire mijoter doucement pendant une heure. Passer le bouillon au tamis avant de l'employer.

2. Entre-temps, faire chauffer le four à 220 °C (425 °F). Enlever le surplus de gras des canards, enfouir l'écorce d'orange dans leurs ventres et assaisonner au goût. Brider les volatiles et les poser sur le dos dans une rôtissoire. Faire cuire pendant 20 minutes ou jusqu'à ce que leur peau dore et dégage un peu de graisse. Enlever la graisse de la rôtissoire. Ramener la température du four à 190 °C (375 °F) et faire rôtir pendant une heure ou jusqu'à ce qu'ils soient cuits.

3. Afin de préparer la sauce, verser en remuant le sucre et le vinaigre dans une casserole posée sur un feu vif pour faire un sirop épais. Retirer du feu et verser peu à peu le bouillon de canard jusqu'à obtention d'une consistance homogène. Retourner la casserole sur le feu et porter à ébullition. Délayer l'arrow-root avec 30 ml (2 c. à soupe) de porto, puis ajouter cette préparation et l'écorce d'orange à la sauce et laisser mijoter jusqu'à ce qu'elle épaississe. Retirer du feu.

4. Conserver les canards au chaud. Enlever le gras à l'intérieur de la rôtissoire en n'y laissant que le jus de cuisson. Poser la rôtissoire sur un feu modérément vif, verser en remuant les 125 ml (½ tasse) de porto qui restent et laisser mijoter jusqu'à ce que le liquide réduise de moitié. Passer le jus de cuisson au tamis avant de l'ajouter à la sauce à l'orange, porter à ébullition et ajouter l'eau-de-vie. Assaisonner au goût, ajouter le beurre et remuer jusqu'à ce qu'il ait fondu.

5. Découper les volatiles en portions individuelles, disposer sur des assiettes et napper d'un peu de sauce. Présenter le reste de la sauce en saucière.

Dinde farcie
à la française

8 à 10 portions • Préparation 1 heure 20 minutes • Cuisson 2 heures 30 minutes

1 dinde de 4 kg (près de 9 lb)	½ botte de ciboulette hachée
60 g (2 oz) de beurre à température ambiante, plus 30 g (1 oz)	3 ou 4 brins de thym (les feuilles sans les tiges)
	4 ou 5 feuilles de sauge hachées
Sel et poivre noir du moulin	Le zeste d'un demi-citron
1 l (4 tasses) de bouillon de poulet	Sel et poivre noir du moulin
30 ml (2 c. à soupe) de farine blanche	1 œuf fouetté
	30 ml (2 c. à soupe) de jus de citron

Farce au pain et aux herbes

8 ciboules hachées fin
30 g (1 oz) de beurre
100 g (3 ½ oz) de lardons hachés
125 g (4 oz) de chapelure

Farce au riz
Se reporter à la page 136 pour connaître la recette.

1. Préparer la farce au riz à partir de la recette reproduite en page 136.

2. Pour faire la farce au pain et aux herbes, mélanger tous les ingrédients secs, puis ajouter l'œuf et suffisamment de jus de citron pour humecter le tout. Touiller les ingrédients à la fourchette, mais il faut éviter de trop les remuer.

3. Faire chauffer le four à 180 °C (350 °F). Détacher délicatement la peau de la chair de la région du cou et de la poitrine de la dinde afin d'y introduire la farce au riz. Appuyer sur l'extérieur de la poitrine afin que la farce adopte la forme de la volaille, fixer la peau du cou à l'aide de brochettes et ramener les ailes sous le corps. Déposer à la cuiller la farce au pain dans le ventre de la dinde. Fixer le sot-l'y-laisse à l'aide d'une brochette pour éviter que la farce ne s'échappe par cette extrémité et brider les pattes à proximité du corps. Éponger la peau à l'aide d'essuie-tout avant de l'enduire de 60 g (2 oz) de beurre et assaisonner au goût.

4. Poser la dinde sur la clayette d'une rôtissoire et verser 500 ml (2 tasses) de bouillon. Couvrir de façon hermétique à l'aide de papier d'aluminium et faire rôtir pendant deux heures à deux

heures et demie ou jusqu'à ce que le jus s'écoule lorsqu'on transperce une cuisse à l'aide d'une brochette de métal, en arrosant la dinde de jus de cuisson toutes les 20 à 25 minutes. Retirer le papier d'aluminium pendant la dernière demi-heure de cuisson pour permettre à la peau de dorer. Déposer la dinde sur un plat chauffé, couvrir et attendre 15 minutes avant de la découper.

5. Pour préparer la sauce, ne conserver que 45 ml (3 c. à soupe) de gras avec le jus de cuisson. Poser la rôtissoire sur un feu doux, ajouter en remuant 30 g (1 oz) de beurre et la farine, et remuer jusqu'à ce qu'elle soit dorée. Verser en remuant 500 ml (2 tasses) de bouillon. Porter à ébullition, réduire l'intensité du feu et faire mijoter jusqu'à épaississement de la sauce. Ajouter du bouillon s'il le faut. Passer la sauce au tamis et servir en accompagnement de la dinde.

Oie farcie
aux noix
8 portions • Préparation 30 minutes • Cuisson 1 heure 50 minutes

1 oie de 2,5 kg (5½ lb), parée	3 pommes granny smith hachées
750 ml (3 tasses) de bouillon de poulet	2 ml (½ c. à thé) de thym séché
	2 ml (½ c. à thé) de sauge séchée
Farce aux noix	Le zeste d'un citron
60 g (2 oz) de beurre	250 g (8 oz) de chapelure faite de pain rassis
2 oignons hachés fin	125 g (4 oz) de noix ou pacanes hachées
4 tiges de céleri hachées	Sel et poivre noir du moulin

1. Pour préparer la farce, faire fondre le beurre dans une poêle à feu moyen et frire les oignons et le céleri jusqu'à ce qu'ils fondent. Retirer du feu et ajouter les pommes, les herbes, le zeste de citron, la chapelure et les noix. Assaisonner au goût. Emplir de farce le ventre de l'oie et replier les ailes sur elles-mêmes. Coudre la peau qui couvre l'extrémité de la volaille et brider les ailes et les pattes à proximité du corps.

2. Faire chauffer le four à 200 °C (400 °F). Saler et poivrer la peau de l'oie, puis la poser sur la clayette d'une rôtissoire et la faire cuire pendant 20 minutes. Enlever de la rôtissoire tout le gras en trop.

3. Réduire la température du four à 180 °C (350 °F). Tourner l'oie de sorte qu'elle soit posée sur sa poitrine. Ajouter 500 ml (2 tasses) de bouillon, couvrir la volaille d'une tente de papier d'aluminium qui prend son assise sur le pourtour de la rôtissoire, et faire rôtir pendant deux heures en l'arrosant de temps en temps et en ajoutant du bouillon, s'il le faut. Enlever le papier d'aluminium et faire rôtir pendant 40 minutes de plus ou jusqu'à ce que la peau soit croustillante et la chair cuite. Déposer l'oie sur un plat de service, couvrir et attendre 15 minutes avant de la découper.

Oie farcie
aux pommes et aux figues
8 portions • Préparation 30 minutes • Cuisson 2 heures 45 minutes

60 g (2 oz) de beurre	Sel et poivre noir du moulin
1 gros oignon haché	1 oie de 5 à 6 kg (11 à 13 lb), parée
375 g (13 oz) de figues déshydratées, hachées	1 petite miche de pain
180 g (6½ oz) de chapelure fraîche	8 petites pommes
1 œuf	16 clous de girofle
60 ml (¼ tasse) de persil haché	30 g (1 oz) de sucre muscovado clair
8 brins de thym (les feuilles sans les tiges)	2 ml (½ c. à thé) d'un mélange d'épices moulues

1. Faire chauffer le four à 180 °C (350 °F). Faire fondre 30 g (1 oz) de beurre dans une casserole, y déposer l'oignon et faire frire pendant trois minutes. Retirer la casserole du feu et ajouter 250 g (8 oz) de figues, la chapelure, l'œuf, le persil et le thym. Assaisonner d'un peu de sel et de poivre, et mélanger avec soin.

2. Introduire la moitié de la farce par le cou de l'oie. Ramener la peau sous la volaille et la brider – replier les ailes sous le corps et ficeler les pattes. Poser l'oie sur la clayette d'une rôtissoire.

3. Enlever la croûte du pain avant de l'introduire dans le ventre de la volaille pour qu'il en absorbe la graisse au cours du rôtissage. Faire cuire l'oie au four pendant 2 heures 45 minutes.

4. Entre-temps, évider les pommes et découper une fine tranche sur le dessus de chacune. Piquer deux clous de girofle dans chaque pomme avant de les déposer dans une rôtissoire. Mélanger le reste des figues au sucre et aux épices moulues afin d'en farcir les pommes (le surplus de farce est posé sur les fruits). Faire fondre le reste de beurre et le verser sur les pommes.

5. Trente minutes avant que l'oie ne soit cuite, enfourner les pommes et les arroser souvent.

6. Afin de vérifier si l'oie est cuite, transpercer d'une brochette de métal la région la plus épaisse d'une cuisse – le jus devrait s'en écouler librement. Poser l'oie sur un plat de service chaud.

Les puddings Yorkshire sont les compagnons idéaux des pommes épicées. Reportez-vous à la page 128 pour connaître la recette.

Rôti *de côte de bœuf*

6 portions • Préparation 25 minutes • Cuisson 50 minutes

1 rôti de 6 côtes, environ 1,5 kg (3 lb)	250 g (8 oz) de beurre à température ambiante
Sel et poivre noir du moulin	
	60 ml (¼ tasse) de persil haché
Sauce piquante aux herbes	60 ml (¼ tasse) de cerfeuil haché
6 ciboules hachées fin	5 ml (1 c. à thé) de jus de citron
1 minuscule gousse d'ail hachée	5 ml (1 c. à thé) de sel
45 ml (3 c. à soupe) de vin blanc sec	Poivre noir du moulin
15 ml (1 c. à soupe) de vinaigre de vin	Muscade moulue

1. Faire chauffer le four à 200 °C (400 °F). Frotter le rôti avec le sel et le poivre noir avant de le poser, le gras sur le dessus, sur la clayette d'une rôtissoire. Faire rôtir pendant 50 minutes.

2. Afin de préparer la sauce, déposer les ciboules, l'ail, le vin et le vinaigre dans une petite casserole. Porter à ébullition et faire bouillir pendant deux minutes ou jusqu'à ce qu'il ne reste que 15 ml (1 c. à soupe) de liquide. Laisser refroidir quelque peu et ajouter le beurre peu à peu en l'incorporant à l'aide d'un fouet; remuer jusqu'à obtention d'une consistance crémeuse qui rappelle une mayonnaise. Ajouter en remuant les herbes, le jus de citron, le sel, le poivre noir et la muscade (au goût). Verser dans une saucière que l'on conservera au chaud dans une casserole d'eau chaude.

3. Au moment de servir, poser le bœuf sur son gras sur une planche à découper et tailler la viande à proximité des os afin de les retirer. Détacher les différentes côtes et les mettre de côté. Poser le rôti à la verticale et découper des tranches que l'on disposera autour du rôti pour faire une jolie présentation. Servir le bœuf avec ses côtes, le jus de cuisson et la sauce.

Rôti de côte
à la salsa

6 portions • Préparation 20 minutes • Cuisson 50 minutes

	Salsa à la tomate
1 rôti de 6 côtes, environ 1,5 kg (3 lb)	8 tomates oblongues hachées fin
Sel et poivre noir du moulin	1 oignon rouge de taille moyenne, haché fin
2 gousses d'ail écrasées	10 feuilles de basilic hachées
30 ml (2 c. à soupe) de farine blanche	Un peu d'assaisonnement pour pain à l'ail
	Sel
	15 ml (1 c. à soupe) d'huile d'olive
	20 ml (1 ½ c. à soupe) de vinaigrette balsamique

1. Faire chauffer le four à 200 °C (400 °F). Frotter le rôti avec le sel, le poivre noir et l'ail écrasé. Juste avant de l'enfourner, fariner le rôti sur toutes ses faces – cette précaution lui conservera son jus. Mettre au four et faire cuire pendant 50 minutes ou jusqu'à ce qu'il soit à point (prolonger la cuisson de 15 minutes si on aime le bœuf bien cuit).

2. Entre-temps, mélanger tous les ingrédients pour faire la salsa dans une petite casserole. Sortir le rôti du four et le laisser reposer pendant cinq minutes avant de le découper; faire chauffer la salsa pendant ce temps.

Rôti d'agneau *farci à l'orange*

4 portions • Préparation 35 minutes • Cuisson 30 minutes

	Farce
2 petits rôtis d'agneau	1 orange pelée, en quartiers
15 ml (1 c. à soupe) d'huile d'olive extra-vierge	60 ml (¼ tasse) de noisettes hachées
125 ml (½ tasse) de crème épaisse	3 oignons verts en tranches
Le jus d'une orange	Le zeste d'une orange
1 gousse d'ail	¼ de botte d'estragon (les feuilles sans les tiges)
Sel et poivre noir du moulin	175 ml (¾ tasse) de chapelure fraîche
	30 g (1 oz) de beurre

1. Mélanger dans un bol tous les ingrédients pour faire la farce et mettre de côté. Faire chauffer le four à 180 °C (350 °F) et chemiser de papier sulfurisé un petit plat allant au four. À l'aide d'un couteau tranchant, pratiquer une petite incision dans la chair de chaque rôti.

2. Farcir chaque rôti et refermer la chair à l'aide de brochettes de métal ou de cure-dents. Badigeonner chaque rôti d'huile d'olive et les faire cuire au four pendant 30 minutes. Les emballer de papier d'aluminium afin qu'ils restent chauds pendant qu'ils reposent. Conserver le jus dans le plat de cuisson.

3. Poser le plat de cuisson sur la cuisinière à feu doux, verser la crème et le quart du jus d'orange, et remuer jusqu'à ce qu'ils soient bien mélangés; ajouter l'ail et le reste de jus d'orange et assaisonner au goût. Faire réduire la sauce jusqu'à ce qu'elle soit épaisse et crémeuse. Napper les rôtis de sauce avant de servir.

Garnitures Assorties

À chaque tête d'affiche il faut un acteur de soutien; aussi, en plus des rôtis, il faut présenter à vos invités une belle gamme d'accompagnements. Ces garnitures apporteront de la couleur, des saveurs et des effluves délicieux dans la salle à manger et font des compagnes tout indiquées aux rôtis, aux fruits de mer et aux légumes grillés – quel que soit votre menu de Noël cette année. Avec de telles recettes, ne vous étonnez pas si les acteurs de soutien font un peu d'ombre à la grande vedette !

Betteraves marinées

parfumées au raifort
1 kilo • Préparation 15 minutes • Cuisson 45 minutes

1 kg (2 lb) de betteraves
60 g (2 oz) de relish au raifort
125 g (4 oz) de sucre
625 ml (2½ tasses) de vinaigre de vin
5 ml (1 c. à thé) de sel
2 ml (½ c. à thé) de graines de fenouil
6 baies de genièvre

1. Faire bouillir les betteraves pendant 30 minutes dans une grande marmite d'eau, puis les faire refroidir avant de les peler. Si elles sont grosses, les découper en quartiers; sinon, les laisser entières. Mélanger les betteraves et la relish au raifort, et mettre dans des bocaux chauds qui ont été stérilisés.

2. Entre-temps, mettre le sucre, le vinaigre, le sel, les graines de fenouil et les baies de genièvre dans une casserole et faire mijoter pendant 15 minutes. Verser la préparation chaude sur les betteraves et fermer les bocaux de façon hermétique. Conserver au réfrigérateur pendant 8 à 10 jours pour permettre aux saveurs de se lier avant de consommer.

Relish

aux canneberges et au gingembre
750 g • Préparation 5 minutes • Cuisson 15 minutes

500 g (16 oz) de canneberges fraîches ou surgelées
Le zeste d'une grosse orange
175 ml (¾ tasse) de jus d'orange
125 ml (½ tasse) de sirop d'érable
8 cm (3 po) de gingembre haché fin

1. Déposer tous les ingrédients dans une grande casserole et porter à ébullition à feu moyen. Réduire l'intensité du feu et laisser mijoter doucement, en remuant de temps en temps, pendant 10 à 15 minutes ou jusqu'à ce que les baies éclatent. Laisser refroidir.

2. Conserver au réfrigérateur dans des bocaux hermétiques pendant au moins une semaine pour permettre aux saveurs de se marier.

Si vous ne trouvez que des canneberges déshydratées, faites-les tremper pendant 24 heures dans du jus de canneberge auquel vous ajouterez 15 ml (1 c. à soupe) de sucre.

Chou rouge

au girofle et à la muscade

6 portions • Préparation 20 minutes • Cuisson 1 heure 30 minutes

750 g (1 ½ lb) de chou rouge	1 ml (¼ c. à thé) de muscade moulue
1 gros oignon rouge haché	20 ml (1 ½ c. à soupe) de sucre à la démérara
1 pomme verte évidée et hachée	30 ml (2 c. à soupe) de vinaigre de vin rouge
2 gousses d'ail écrasées	20 g (¾ oz) de beurre en dés de 1 cm (½ po)
1 ml (¼ c. à thé) de clou de girofle moulu	Sel et poivre noir du moulin

1. Faire chauffer le four à 150 °C (300 °F). Découper le chou en quartiers et en retirer le cœur blanc. Hacher fin les feuilles et les déposer dans un grand plat allant au four; ajouter ensuite l'oignon et la pomme, et touiller afin de mélanger.

2. Dans un petit bol, mélanger l'ail, les épices, le sucre et le vinaigre. Verser la préparation sur le chou, et touiller de nouveau afin de mélanger. Disposer les dés de beurre uniformément à la surface du plat, couvrir et faire cuire au four pendant 90 minutes. Remuer à une reprise au bout d'une heure. Assaisonner et servir chaud.

Petits pois  *à la menthe*

6 portions • Préparation 5 minutes • Cuisson 6 minutes

1 l (4 tasses) de pois frais ou surgelés
5 brins de menthe entiers, plus les feuilles de 5 brins ciselées
40 g (1 ½ oz) de beurre
Sel
Poivre blanc

1. Déposer les pois dans une casserole et verser dessus assez d'eau pour les couvrir. Ajouter les brins de menthe entiers. Porter à ébullition et laisser mijoter pendant cinq minutes si les pois sont frais ou deux minutes s'ils sont surgelés.

2. Entre-temps, faire fondre le beurre dans une petite casserole à feu doux et y déposer la menthe ciselée pour qu'elle le parfume.

3. Lorsque les pois sont cuits, les égoutter et jeter les brins de menthe. Remettre les pois dans la casserole, ajouter le beurre et la menthe ciselée, et remuer à feu doux afin de bien mélanger. Assaisonner de sel et de poivre blanc.

Brocoletti
aux amandes
6 portions • Préparation 5 minutes • Cuisson 10 minutes

500 g (1 lb) de brocoletti paré
10 ml (2 c. à thé) d'huile d'olive
20 g (¾ oz) de beurre
1 gousse d'ail écrasée
30 ml (2 c. à soupe) d'amandes effilées

1. Déposer le brocoletti dans une marmite d'eau bouillante et faire cuire pendant une ou deux minutes (il doit demeurer craquant sous la dent). Égoutter avec soin.

2. Mettre l'huile et le beurre à chauffer dans une grande poêle à frire, ajouter l'ail et les amandes et faire cuire pendant une ou deux minutes ou jusqu'à ce que les amandes soient dorées. Retirer les amandes de la poêle à l'aide d'une cuiller à rainures et les mettre de côté.

3. Déposer le brocoletti dans la poêle à frire et le touiller à feu moyen pendant deux ou trois minutes, jusqu'à ce qu'il soit bien chaud et bien enduit d'huile, de beurre et d'ail. Remettre les amandes dans la poêle et remuer jusqu'à ce que le tout soit mélangé. Servir chaud.

Galettes de pommes de terre
à la mode cajun

16 galettes • Préparation 15 minutes • Cuisson 8 minutes

4 pommes de terre de taille moyenne, bouillies dans leur robe
2 œufs légèrement fouettés
10 ml (2 c. à thé) d'assaisonnement cajun
30 ml (2 c. à soupe) d'huile d'olive
120 ml (8 c. à soupe) de farine blanche
2 ml (½ c. à thé) de sel

1. Peler les pommes de terre bouillies et les réduire en purée. Ajouter les œufs, l'assaisonnement cajun, l'huile d'olive, la farine et le sel. Mélanger avec soin et, avec les mains farinées, façonner 16 petites galettes.

2. Huiler légèrement le fond d'une poêle à frire et faire cuire les galettes pendant environ quatre minutes de chaque côté.

Pommes de terre *duchesse*

20 portions • Préparation 30 minutes • Cuisson 40 minutes

850 g (1¾ lb) de pommes de terre pelées, en quartiers
2 œufs, plus 1 jaune d'œuf
60 ml (¼ tasse) de crème épaisse
20 g (¾ oz) de parmesan râpé
1 ml (¼ c. à thé) de muscade moulue
Sel
Poivre blanc
1 ml (¼ c. à thé) de paprika fumé

1. Déposer les pommes de terre dans une grande marmite d'eau froide, porter à ébullition et faire cuire pendant 20 minutes ou jusqu'à ce qu'elles soient très tendres. Égoutter les pommes de terre et les remettre dans la marmite. Régler l'intensité du feu à la puissance minimale et remuer la marmite pendant une ou deux minutes afin d'assécher les pommes de terre. Retirer du feu et réduire en une purée homogène.

2. Fouetter les œufs, la crème, le parmesan, la muscade, le sel, le poivre blanc et une pincée de paprika. Ajouter cette préparation à la purée et remuer afin de bien mélanger. Rectifier l'assaisonnement s'il le faut. Couvrir la marmite à demi et laisser refroidir un peu pendant 15 minutes.

3. Faire chauffer le four à 180 °C (350 °F) et enduire un plat de cuisson d'un peu de beurre. Emplir de purée chaude une poche à décorer munie d'une douille en forme d'étoile de 15 mm (½ po). Exprimer des tourbillons de purée de manière à former des nuages en prévoyant suffisamment d'espace entre chacun. Les badigeonner avec un peu de jaune d'œuf et faire cuire au four pendant 15 à 20 minutes ou jusqu'à ce qu'ils soient dorés. Servir chaud et garnir d'un peu de paprika.

> Les pommes de terre duchesse peuvent être préparées à l'avance et conservées au réfrigérateur. Juste avant de servir, il suffit de les badigeonner d'un peu de jaune d'œuf et de les enfourner.

Pommes de terre rôties
à l'ail et au romarin

8 portions • Préparation 15 minutes • Cuisson 1 heure 15 minutes

1,5 kg (3 lb) de petites pommes de terre
Gros sel de mer
1 bulbe d'ail
6 brins de romarin
(les feuilles sans les tiges, hachées)
90 ml (6 c. à soupe) d'huile d'olive

1. Faire chauffer le four à 190 °C (375 °F). Déposer les pommes de terre dans une casserole, les couvrir d'eau froide, ajouter le sel et porter à ébullition. Réduire l'intensité du feu et laisser mijoter pendant deux minutes; égoutter avec soin. Pratiquer quelques incisions à la surface des pommes de terre. Déshabiller le bulbe d'ail et jeter la chemise des gousses.

2. Déposer les pommes de terre et les gousses d'ail dans une rôtissoire, saupoudrer de romarin haché et napper d'huile d'olive. Faire cuire au four pendant 75 minutes environ, en retournant les pommes de terre de temps en temps, jusqu'à ce qu'elles soient dorées et croustillantes. Les déposer dans un plat de service chaud, saupoudrer de sel et garnir de quelques brins de romarin.

Patates douces *au bourbon*

8 portions • Préparation 10 minutes • Cuisson 45 minutes

1 kg (2 lb) de patates douces pelées, découpées en morceaux réguliers
30 g (1 oz) de beurre
15 ml (1 c. à soupe) d'huile végétale
15 ml (1 c. à soupe) de miel
30 ml (2 c. à soupe) de bourbon
1 pincée de gingembre moulu
6 feuilles de sauge fraîche, ciselées

1. Faire chauffer le four à 180 °C (350 °F). Faire cuire les patates douces dans une grande marmite d'eau bouillante salée pendant cinq minutes. Les égoutter. Faire fondre le beurre dans l'huile qui aura chauffé dans un plat de cuisson, et incorporer le miel, le bourbon et le gingembre. Ajouter la sauge ciselée et les patates douces, et touiller afin de bien les enduire.

2. Faire cuire au four pendant 40 minutes en badigeonnant les patates douces de préparation au miel et en les retournant de temps en temps, jusqu'à ce qu'elles soient tendres. Garnir de sauge avant de servir.

Chou-fleur
au gratin
4 portions • Préparation 15 minutes • Cuisson 20 minutes

500 g (1 lb) de chou-fleur découpé
en petits morceaux

60 ml (¼ tasse) de chapelure fraîche

¼ de botte de persil plat

Sauce au fromage

30 g (1 oz) de beurre

30 g (1 oz) de farine blanche

300 ml (1¼ tasse) de lait chaud

5 ml (1 c. à thé) de moutarde de Meaux

80 g (3 oz) de parmesan râpé,
à température ambiante

Sel

Poivre blanc

1. Beurrer légèrement un plat thermorésistant d'une contenance de 1,5 l (6 tasses). Faire cuire le chou-fleur dans une casserole d'eau bouillante légèrement salée pendant huit minutes ou jusqu'à ce qu'il soit tendre. L'égoutter avec soin avant de le transvider dans le plat apprêté; conserver au chaud.

2. Afin de préparer la sauce au fromage, faire fondre le beurre dans une casserole à feu doux. Verser en remuant la farine et faire cuire pendant une minute ou jusqu'à ce qu'elle se colore un peu et qu'elle fasse des bulles. Retirer du feu et ajouter peu à peu le lait et la moutarde. Si des grumeaux se forment, passer la préparation au tamis. Retourner sur le feu et remuer sans cesse jusqu'à ce que la sauce mijote et épaississe. Réduire l'intensité du feu et faire mijoter pendant deux minutes de plus, puis retirer de nouveau du feu. Verser le parmesan et remuer jusqu'à ce qu'il soit bien incorporé. Assaisonner de sel, de poivre blanc et verser sur le chou-fleur.

3. Mélanger la chapelure et le persil, et garnir la surface de la sauce. Passer sous la salamandre jusqu'à ce que la surface soit bien dorée. Servir sans tarder.

Pudding
Yorkshire

4 portions • Préparation 15 minutes • Cuisson 25 minutes

4 œufs
175 ml (¾ tasse) de lait
500 ml (2 tasses) de farine blanche
5 ml (1 c. à thé) de sel
¼ de botte de persil haché
¼ de botte de ciboulette hachée
125 ml (½ tasse) d'huile végétale

1. Mélanger les œufs et le lait avec soin à la fourchette (ne pas employer de fouet). En se servant d'un fouet pour mélanger, ajouter suffisamment de farine pour former une pâte épaisse, mais que l'on puisse verser. Saler au goût, puis ajouter les herbes hachées.

2. Faire chauffer le four à 200 °C (400 °F). Déposer 10 ml (2 c. à thé) d'huile dans chacun de 12 moules à muffins et enfourner pendant 15 minutes. Lorsque les moules et l'huile sont très chauds, y verser la pâte; si elle ne grésille pas aussitôt, cesser de verser et retourner les moules au four jusqu'à ce qu'ils soient suffisamment chauds.

3. Poser les moules sur la clayette au centre du four et faire cuire pendant 25 minutes environ, jusqu'à ce que la pâte lève, que sa surface soit bien dorée et légèrement croustillante. Le pudding risquera moins de brûler si on pose une plaque à biscuits vide sur la clayette du dessus. Sortir du four, démouler et servir sans tarder.

Invités Spéciaux

Il importe de se rappeler que tous ne choisissent pas ou ne sont pas en mesure de consommer les mêmes aliments que nous. Voilà pourquoi nous avons prévu quelques recettes à l'intention de ceux de vos invités qui sont végétariens, végétaliens ou allergiques au gluten. Toutefois, vous n'avez pas à attendre que se pointe un végétarien pour préparer ces délicieuses recettes. Mieux : nous vous conseillons de les intégrer à vos menus des fêtes afin de les varier et de leur apporter un équilibre au plan nutritif.

Frittata
aux légumes grillés
6 portions • Préparation 15 minutes • Cuisson 50 minutes

250 g (8 oz) de pommes de terre miniatures, en tranches de 5 mm (¼ po)	1 poireau paré, découpé en deux, rincé et tranché
250 g (8 oz) de patates douces pelées, en tranches de 5 mm (¼ po)	1 gousse d'ail écrasée
40 ml (2½ c. à soupe) d'huile d'olive	10 ml (2 c. à thé) de fines herbes italiennes
Sel et poivre noir du moulin	6 œufs légèrement fouettés
1 grosse courgette découpée en deux et tranchée	125 ml (½ tasse) de crème aigre
	60 ml (¼ tasse) de lait
1 poivron rouge épépiné, en dés	40 g (1½ oz) de parmesan râpé

1. Faire chauffer le four à 220 °C (425 °F). Déposer les pommes de terre et les patates douces sur une plaque à biscuits antiadhésive. Les napper de 22 ml (1½ c. à soupe) d'huile d'olive, saler et poivrer. Touiller afin de mélanger. Faire cuire au four pendant 10 minutes en retournant les légumes de temps en temps. Ajouter la courgette et le poivron rouge et faire cuire pendant 15 minutes de plus en retournant les légumes de temps en temps.

2. Faire chauffer le reste d'huile dans une poêle à frire à fond épais antiadhésive de 23 cm (9 po) de diamètre posée sur un feu moyen. Ajouter le poireau et l'ail et cuire pendant trois à quatre minutes. Verser en remuant les fines herbes italiennes, ajouter les légumes grillés et touiller afin de mélanger.

3. À l'aide d'un fouet, mélanger les œufs, la crème aigre, le lait et le parmesan. Verser la préparation aux œufs sur les légumes. Réduire l'intensité du feu à la puissance minimale et faire cuire pendant 12 à 15 minutes ou jusqu'à ce que la cuisson soit presque à point.

4. Passer la poêle à frire sous la salamandre pendant quatre ou cinq minutes ou jusqu'à ce que l'omelette soit dorée et cuite. Entourer la queue de la poêle d'un torchon à vaisselle avant de la sortir du four. Découper la frittata en parts et servir avec du pain croûté et une salade.

Cette recette est convenable pour les végétariens et les allergiques au gluten.

Tarte à la tomate,
à la moutarde et au brie

4 portions • Préparation 45 minutes • Cuisson 50 minutes

175 g (6 oz) de farine blanche	4 tomates mûres en tranches
Sel de mer et poivre noir du moulin	125 g (4 oz) de brie hollandais
75 g (2½ oz) de beurre en dés	en tranches fines
125 ml (½ tasse) de lait	60 ml (¼ tasse) de basilic finement ciselé
2 jaunes d'œufs	60 ml (¼ tasse) de persil haché fin
1 gousse d'ail écrasée	60 ml (¼ tasse) de coriandre hachée fin
15 ml (1 c. à soupe) de moutarde de Meaux	30 ml (2 c. à soupe) d'huile
50 g (1¾ oz) de cheddar fort, râpé	d'olive extra-vierge

1. Tamiser la farine et une pincée de sel au-dessus d'un bol, puis ajouter les dés de beurre en les travaillant du bout des doigts jusqu'à ce que la préparation ait la texture d'une chapelure fine. Ajouter 30 ml (2 c. à soupe) d'eau froide et mélanger de manière à faire une pâte. Couvrir et réfrigérer pendant 20 minutes. Tapisser de cette abaisse le fond d'un moule à flan de 20 cm (8 po) de diamètre et réfrigérer pendant 10 minutes encore.

2. Faire chauffer le four à 190 °C (375 °F). Piquer la pâte en plusieurs endroits à l'aide d'une fourchette et la chemiser de papier sulfurisé. Emplir à demi l'abaisse de haricots secs ou de riz et l'enfourner pendant 10 à 12 minutes. Retirer précautionneusement le papier et les haricots, et faire cuire le fond de tarte pendant cinq autres minutes. Mettre de côté et ramener la température du four à 180 °C (350 °F).

3. Dans un pot, mélanger le lait, les jaunes d'œufs et l'ail, et assaisonner au goût. Tartiner de moutarde le fond de tarte et saupoudrer le cheddar râpé. Disposer les tranches de tomate et le brie, et verser la préparation aux œufs. Cuire au four pendant 30 à 35 minutes ou jusqu'à ce que la préparation ait figé et que la surface soit dorée.

4. Mélanger le basilic, le persil, la coriandre et l'huile afin d'en napper la tarte. Servir chaud.

Cette recette est convenable pour les végétariens.

Poivrons miniatures
farcis au riz sauvage

4 portions • Préparation 25 minutes • Cuisson 1 heure 15 minutes

60 ml (¼ tasse) d'huile d'olive	1 ml (¼ c. à thé) de muscade moulue
150 ml (⅔ tasse) d'amandes effilées	5 ml (1 c. à thé) de sel
1 petit oignon haché	1 ml (¼ c. à thé) de poivre noir
1 tige de céleri hachée	125 ml (½ tasse) de riz à grains longs
125 ml (½ tasse) de riz sauvage, rincé	100 g (3½ oz) d'épinards hachés
250 ml (1 tasse) de raisins secs	30 ml (2 c. à soupe) de farine de riz
2 ml (½ c. à thé) de marjolaine séchée	12 poivrons rouges miniatures
1 botte de persil frais, haché	découpés en deux

1. Mettre l'huile à chauffer dans une grande casserole à feu moyen. Ajouter les amandes et remuer jusqu'à ce qu'elles soient dorées. Les cueillir à l'aide d'une cuiller à rainures et les mettre de côté. Déposer l'oignon et le céleri dans la casserole et les faire sauter pendant cinq minutes. Ajouter le riz sauvage, les raisins secs, les fines herbes, les épices et 625 ml (2½ tasses) d'eau. Porter à ébullition, réduire l'intensité du feu, assaisonner, couvrir et faire mijoter pendant 25 minutes.

2. Ajouter le riz à grains longs et remuer afin de mélanger. Poursuivre la cuisson à feu doux jusqu'à ce que le riz ait absorbé presque toute l'eau et qu'il soit tendre, soit 25 minutes environ. Ajouter les épinards, touiller et couvrir, puis faire mijoter pendant deux minutes. Retirer du feu et, lorsque la préparation a refroidi, verser en remuant les amandes et la farine de riz.

3. Faire chauffer le four à 180 °C (350 °F). Retirer les pépins et la moelle des poivrons et les farcir de riz sauvage. Faire cuire au four pendant 15 minutes et servir chaud.

Cette recette est convenable pour les végétariens, les végétaliens et les allergiques au gluten. Elle peut servir à farcir les volailles aussi bien que les légumes.

Sablés
au fromage et aux amandes
30 sablés • Préparation 1 heure 10 minutes • Cuisson 15 minutes

125 g (4 oz) de parmesan fort, râpé finement, à température ambiante	5 ml (1 c. à thé) de sel
	1 ml (¼ c. à thé) de poivre noir du moulin
180 g (6½ oz) de beurre à température ambiante	45 ml (3 c. à soupe) d'amandes hachées fin
	1 pincée de poivre de Cayenne
175 ml (¾ tasse) de farine de riz	¼ de botte de basilic haché
60 ml (¼ tasse) de poudre d'amandes	200 g (7 oz) de mascarpone

1. Fouetter le parmesan et le beurre jusqu'à obtention d'une consistance crémeuse. Mélanger la farine et la poudre d'amandes, ajouter le sel et le poivre noir, et incorporer au beurre de parmesan. Ajouter les amandes, puis le poivre de Cayenne et bien mélanger.

2. Se fariner les mains et façonner la pâte en une boule que l'on divise ensuite en deux avant de poser chaque part sur une feuille de pellicule plastique. Rouler chaque part de pâte de manière à former deux colombins de 4 cm (1½ po) de diamètre. Entourer les colombins de pellicule plastique que l'on tordra aux extrémités à la manière des papillotes qui enveloppent les bonbons. Réfrigérer pendant une heure.

3. Faire chauffer le four à 180 °C (350 °F) et chemiser deux plaques à biscuits de papier sulfurisé. Déballer la pâte et la découper en tranches de 5 mm (¼ po) d'épaisseur à l'aide d'un couteau tranchant. Poser les tranches sur les plaques à 5 cm (2 po) de distance les unes des autres et les faire cuire au four pendant 12 à 15 minutes. Laisser refroidir.

4. Entre-temps, incorporer le basilic au mascarpone, puis assaisonner de poivre noir. Déposer une cuillerée de mascarpone sur chaque biscuit sablé et garnir de feuilles de basilic.

Cette recette est convenable pour les végétariens et les allergiques au gluten.

Cake aux champignons et aux noix
et sa sauce à la tomate

6 portions • Préparation 30 minutes • Cuisson 1 heure

30 ml (2 c. à soupe) d'huile d'olive	Sel et poivre noir du moulin
1 gros oignon en dés	
2 gousses d'ail écrasées	**Sauce à la tomate**
300 g (10½ oz) de champignons hachés fin	22 ml (1½ c. à soupe) d'huile d'olive
200 g (7 oz) de noix de cajou	1 oignon haché fin
200 g (7 oz) de noix du Brésil	1 gousse d'ail écrasée
80 g (3 oz) de cheddar râpé	400 g (14 oz) de tomates concassées
20 g (¾ oz) de parmesan râpé	en conserve
1 œuf légèrement fouetté	15 ml (1 c. à soupe) de concentré de tomate
¼ de botte de ciboulette hachée	2 ml (½ c. à thé) de sucre roux
125 ml (½ tasse) de polenta instantanée	

1. Beurrer les parois d'un moule à pain en métal qui fait 14 cm sur 21 cm (5½ po sur 8¼ po) et le chemiser de papier sulfurisé. Mettre l'huile à chauffer dans une poêle à frire et ajouter l'oignon, l'ail et les champignons. Les frire jusqu'à ce qu'ils fondent, puis les laisser refroidir.

2. Hacher les noix finement à l'aide d'un robot de cuisine, sans toutefois les réduire en poudre.

3. Faire chauffer le four à 180 °C (350 °F). Mélanger les champignons refroidis, les noix hachées, le cheddar, le parmesan, l'œuf, la ciboulette et la polenta dans un bol. Bien remuer et assaisonner au goût. Verser le mélange dans le moule à pain, appuyer dessus pour qu'il soit bien compacté et faire cuire au four pendant 45 minutes.

4. Entre-temps, préparer la sauce à la tomate. Mettre l'huile à chauffer dans une casserole à feu moyen, ajouter l'oignon et l'ail et faire cuire pendant quatre minutes en remuant à deux ou trois reprises. Ajouter en remuant les tomates concassées, le concentré de tomate, le sucre roux et 75 ml (⅓ tasse) d'eau. Laisser mijoter doucement pendant cinq minutes.

5. Lorsqu'il est cuit, sortir le cake du four et le laisser reposer pendant cinq minutes. Le démouler avec soin et le laisser refroidir pendant deux minutes de plus, et le découper en tranches. Saler, poivrer et servir avec la sauce à la tomate.

Cette recette est convenable pour les végétariens et les allergiques au gluten.

Bombe à la ricotta,
au citron et au romarin

4 portions • Préparation 4 heures • Cuisson 30 minutes

1 kg (2 lb) de ricotta fraîche	Le zeste et le jus d'un citron
150 g (5 oz) de tomates cerises taillées en deux	1 gousse d'ail écrasée
125 ml (½ tasse) d'huile d'olive extra-vierge, plus 15 ml (1 c. à soupe)	1 brin de romarin (les feuilles sans la tige, hachées)
	60 ml (¼ tasse) de feuilles de basilic frais
Sel et poivre noir du moulin	60 ml (¼ tasse) de feuilles de persil frais

1. Déposer la ricotta dans un tamis tapissé de mousseline, appuyer dessus afin qu'elle épouse la forme du tamis, couvrir et réfrigérer pendant quatre heures.

2. Entre-temps, faire chauffer le four à 180 °C (350 °F). Poser les tomates sur une plaque à biscuits, les napper de 15 ml (1 c. à soupe) d'huile d'olive et les assaisonner de sel et de poivre. Faire griller pendant 10 minutes, retirer du four et les mettre à refroidir sur une clayette de métal.

3. Mélanger 60 ml (¼ tasse) d'huile d'olive au zeste et au jus de citron et à l'ail. Mettre de côté.

4. Retirer la ricotta du tamis, la déposer sur une plaque à biscuits chemisée de papier sulfurisé et l'arroser de l'huile qui reste. Garnir de romarin, saler, poivrer et faire cuire au four jusqu'à ce qu'elle soit dorée, soit 20 minutes environ.

5. Ajouter les tomates, le basilic et le persil à la vinaigrette au citron, remuer et napper la bombe à la ricotta.

Cette recette est convenable pour les végétariens et les allergiques au gluten.

Galettes
de polenta et de maïs

4 portions • Préparation 25 minutes • Cuisson 15 minutes

2 ml (½ c. à thé) de sel	Sel et poivre noir du moulin
125 ml (½ tasse) de polenta instantanée	30 ml (2 c. à soupe) d'huile d'olive
60 ml (¼ tasse) de maïs en grains	
¼ de poivron rouge en dés	***Crema verde***
1 ciboule en fines tranches	60 ml (¼ tasse) de crème épaisse
60 ml (¼ tasse) de persil haché fin	60 ml (¼ tasse) de crème aigre
1 petite gousse d'ail hachée fin	15 ml (1 c. à soupe) de pesto
75 ml (⅓ tasse) de farine de riz	½ botte de persil plat, finement ciselé
1 ml (¼ c. à thé) de bicarbonate de soude	5 ml (1 c. à thé) de jus de citron
1 œuf légèrement fouetté	Sel et poivre noir du moulin

1. Dans une casserole, porter à ébullition 375 ml (1 ½ tasse) d'eau et le sel; ajouter peu à peu la polenta en remuant sans cesse pendant trois à cinq minutes, jusqu'à ce qu'elle épaississe et commence à se détacher de la paroi de la casserole. Retirer du feu et ajouter le maïs, le poivron rouge, la ciboule, le persil et l'ail. Remuer jusqu'à ce que les ingrédients soient bien mélangés. Verser dans un bol et laisser refroidir.

2. Tamiser ensemble la farine et le bicarbonate de soude, et les ajouter à la préparation à base de polenta. Ajouter l'œuf, le sel et le poivre. Mettre l'huile à chauffer dans une poêle à frire à feu moyennement vif et déposer des cuillerées de préparation dans la poêle. Faire cuire pendant une ou deux minutes de chaque côté.

3. Afin de préparer la *crema verde*, déposer tous les ingrédients dans un bol et remuer jusqu'à obtention d'une consistance homogène. Servir les galettes avec la *crema verde* en guise d'accompagnement.

Cette recette est convenable pour les végétariens et les allergiques au gluten.

Risotto
en citrouille

4 portions • Préparation 20 minutes • Cuisson 50 minutes

5 citrouilles Golden Nugget
15 ml (1 c. à soupe) d'huile d'olive
1 l (4 tasses) de bouillon de poulet
Sel et poivre noir du moulin
75 g (2½ oz) de beurre
1 petit oignon haché fin
300 ml (1¼ tasse) de riz arborio
20 g (¾ oz) de parmesan râpé

1. Faire chauffer le four à 190 °C (375 °F). Peler et râper une citrouille, et la réserver. Rincer et assécher les autres citrouilles, découper le dessus de chacune et en retirer les graines. Rincer les graines et les poser sur une plaque à biscuits. Enduire les citrouilles d'huile d'olive. Les poser sur la plaque à biscuits où se trouvent les graines et les faire cuire au four pendant 10 minutes. Retirer les graines et poursuivre la cuisson des citrouilles pendant 30 à 40 minutes, jusqu'à pouvoir les transpercer à l'aide d'une brochette.

2. Entre-temps, faire cuire le risotto. Porter le bouillon à ébullition dans une casserole, saler et poivrer, et laisser frémir. Dans une autre casserole, faire fondre 60 g (2 oz) de beurre pour y faire cuire l'oignon et la citrouille râpée jusqu'à ce qu'ils soient tendres. Ajouter le riz et faire cuire à feu moyen en remuant sans cesse pendant trois minutes ou jusqu'à ce que le riz devienne transparent. Verser 250 ml (1 tasse) de bouillon chaud dans la préparation au riz et faire cuire en remuant sans cesse jusqu'à ce que le riz ait bu tout le liquide. Poursuivre la cuisson de cette manière jusqu'à ce qu'il ne reste plus de bouillon et que le riz soit tendre. Retirer la casserole du feu et ajouter en remuant le reste de beurre et le parmesan râpé.

3. Farcir les citrouilles de risotto et les servir sans tarder, garnies de leurs graines rôties et de quelques petites feuilles de sauge.

Cette recette est convenable pour les végétariens et les allergiques au gluten.

Moussaka *végétalienne*

6 portions • Préparation 1 heure • Cuisson 1 heure

Sauce à la tomate	5 ml (1 c. à thé) d'origan séché
1 aubergine en tranches fines	Sel et poivre noir du moulin
2 courgettes en tranches fines	200 g (7 oz) de fromage végétalien
40 ml (2½ c. à soupe) d'huile d'olive	
1 grosse carotte en dés	**Béchamel**
1 tige de céleri en dés	15 ml (1 c. à soupe) de farine de maïs
1 poireau, rincé avec soin, en tranches	1 l (4 tasses) de lait de soja
1 gros oignon en dés	15 ml (1 c. à soupe) d'huile d'olive
2 gousses d'ail écrasées	1 petit oignon tranché en deux
400 g (14 oz) de tomates en conserve	Poivre noir du moulin
125 ml (½ tasse) de vin rouge	2 ml (½ c. à thé) de sauce soja
60 ml (¼ tasse) de feuilles de basilic frais	Noix de muscade râpée

1. Faire chauffer le four à 180 °C (350 °F). Enduire l'aubergine et les courgettes de 30 ml (2 c. à soupe) d'huile d'olive. Les poser sur deux plaques à biscuits et les faire cuire au four pendant 10 minutes en les tournant à une reprise, après quoi on les laisse refroidir.

2. Entre-temps, verser ce qui reste d'huile dans une poêle pour y faire frire la carotte, le céleri, le poireau et l'oignon pendant 10 minutes en remuant souvent. Ajouter l'ail, les tomates, le vin rouge, le basilic et l'origan, saler et poivrer, et faire mijoter pendant 20 minutes.

3. Dans un plat de cuisson rectangulaire, former un rang d'aubergine, un rang de sauce et un rang fait pour moitié d'aubergine et pour moitié de courgette. Couvrir d'un autre rang de sauce et, enfin, d'un dernier rang de courgette.

4. Pour faire la béchamel, verser la farine de maïs dans un bol, ajouter un peu de lait et délayer de manière à faire une pâte. Faire chauffer ce qui reste de lait dans une casserole en remuant sans cesse. Avant que le lait bouille, le verser dans le bol contenant la pâte de farine de maïs en prenant soin de remuer sans cesse. Reverser la préparation dans la casserole ayant contenu le lait et remuer sans cesse pendant deux minutes. Réduire l'intensité du feu, ajouter l'huile, l'oignon, le poivre moulu et la sauce soja. Continuer de remuer à feu doux pendant cinq minutes.

5. Faire chauffer le four à 200 °C (400 °F). Râper un peu de muscade au-dessus de la sauce, retirer l'oignon et verser sur la moussaka. Garnir de fromage et faire cuire au four pendant 10 minutes à couvert et 20 minutes à découvert.

Cette recette est convenable pour les végétariens, les végétaliens et les allergiques au gluten.

Tourte à la pomme de terre
et à la tomate

4 portions • Préparation 15 minutes • Cuisson 40 minutes

750 ml (3 tasses) de bouillon de légumes	30 ml (2 c. à soupe) d'huile d'olive
750 g (1 ½ lb) de pommes de terre pelées, en tranches fines	1 ml (¼ c. à thé) de sucre
	Poivre noir du moulin
1 poivron rouge	¼ de botte de persil plat, haché
6 tomates oblongues en tranches	¼ de botte de coriandre hachée
30 ml (2 c. à soupe) de jus de citron	

1. Faire chauffer le bouillon de légumes dans une grande poêle à frire à feu moyen. Ajouter les pommes de terre et faire cuire pendant 8 à 10 minutes ou jusqu'à ce qu'elles soient tendres. Égoutter les pommes de terre en réservant 125 ml (½ tasse) de bouillon et les rincer à l'eau froide.

2. Découper le poivron en quatre afin de l'épépiner. Le poser sur une plaque à biscuits et le passer sous la salamandre pendant six à huit minutes ou jusqu'à ce que la pelure commence à boursoufler. Laisser refroidir, peler et découper en fines lanières.

3. Faire chauffer le four à 220 °C (425 °F). Enduire d'un peu de beurre les parois d'une cocotte peu profonde. Disposer les tranches de pomme de terre et les lanières de poivron dans la cocotte, verser le bouillon réservé et disposer les tranches de tomate par-dessus. Napper de jus de citron et d'huile d'olive, saupoudrer de sucre et assaisonner de poivre.

4. Faire cuire au four pendant 20 minutes ou jusqu'à ce que les tomates soient cuites. Garnir de persil et de coriandre, et servir.

Cette recette est convenable pour les végétariens, les végétaliens et les allergiques au gluten.

Carrés de polenta
et de courgettes

4 portions • Préparation 1 heure • Cuisson 15 minutes

45 ml (3 c. à soupe) d'huile d'olive
250 g (8 oz) de courgette râpée
750 ml (3 tasses) de bouillon de légumes
175 g (6 oz) de polenta instantanée
Sel et poivre noir du moulin
50 g (1¾ oz) de fromage végétalien râpé finement

1. Enduire d'un peu d'huile un plat à rôtir peu profond qui fait 22 cm^2 (8 po^2). Mettre à chauffer la moitié de la quantité d'huile dans une grande poêle à frire. Faire frire la courgette pendant trois ou quatre minutes en remuant souvent, jusqu'à ce qu'elle fonde sans dorer. Retirer du feu.

2. Porter le bouillon à ébullition dans une grande casserole. Saupoudrer la polenta instantanée en remuant à l'aide d'une cuiller de bois, et continuer de remuer pendant cinq minutes ou jusqu'à ce que la polenta épaississe et commence à se détacher de la paroi de la casserole. Retirer du feu et ajouter la courgette en remuant. Assaisonner au goût.

3. Verser la polenta dans le plat à rôtir en l'étalant de façon uniforme; garnir de fromage et laisser refroidir pendant une heure. Découper la polenta en carrés, les badigeonner avec ce qui reste d'huile et les passer sous la salamandre pendant deux à quatre minutes de chaque côté, jusqu'à ce qu'ils soient dorés.

Cette recette est convenable pour les végétariens, les végétaliens et les allergiques au gluten.

Pâtisseries de *Noël*

Les pâtisseries de Noël font partie d'une tradition aussi longue que raffinée. Nombre de ces desserts, gâteaux et gourmandises ne sont produits qu'à cette période de l'année, ce qui ne fait qu'ajouter à leur attrait. Chacun de nous se souvient de s'être réveillé tôt un matin de Noël, d'avoir déballé ses étrennes et de s'être amusé avec ses frères et sœurs tout en humant les délicieux effluves que la cuisine répandait dans toute la maison. Voilà que vous pouvez pour-suivre la tradition à votre tour en confectionnant le gâteau de Noël, la tarte au mince-meat et le pudding de Noël.

Cornets croquants
au gingembre
16 cornets • Préparation 10 minutes • Cuisson 30 minutes

60 g (2 oz) de beurre
60 g (2 oz) de cassonade pâle
75 ml (⅓ tasse) de sirop de table
5 ml (1 c. à thé) de gingembre moulu
60 ml (¼ tasse) de farine blanche tamisée
Le zeste d'un citron
10 ml (2 c. à thé) de jus de citron
300 ml (1¼ tasse) de crème épaisse, fouettée

1. Faire chauffer le four à 220 °C (425 °F). Déposer le beurre, la cassonade, le sirop de table et le gingembre dans une casserole posée sur feu doux et remuer jusqu'à ce que le beurre fonde et la cassonade se dissolve. Laisser refroidir quelque peu, ajouter la farine, le zeste et le jus de citron et remuer avec soin.

2. Chemiser deux plaques à biscuits de papier sulfurisé. Sur l'une des plaques, déposer à 10 cm (4 po) l'une de l'autre cinq généreuses cuillerées de préparation et faire cuire au four pendant 12 à 15 minutes ou jusqu'à ce que la pâte prenne de l'expansion et forme des cercles dentelés et malléables.

3. Laisser tiédir brièvement, retirer de la plaque à l'aide d'un couteau à palette et vite enrouler autour du manche d'une cuiller de bois. Laisser figer et dégager avec soin du manche de la cuiller pour laisser refroidir. Pendant que l'on façonne des cornets avec le premier lot, on enfourne le second. On conserve les cornets dans un récipient hermétique. Au moment de servir, on les garnit de crème fouettée.

Petits gâteaux *de Noël*

12 petits gâteaux • Préparation 20 minutes • Cuisson 20 minutes

150 g (5 oz) de farine blanche	45 ml (3 c. à soupe) de crème aigre
5 ml (1 c. à thé) de levure chimique	75 g (2½ oz) de morceaux de chocolat noir
2 ml (½ c. à thé) de bicarbonate de soude	5 ml (1 c. à thé) de café soluble
5 ml (1 c. à thé) d'épices moulues mélangées	36 canneberges déshydratées
1 pincée de sel	
100 g (3½ oz) de beurre doux à température ambiante	**Glace**
	375 ml (1½ tasse) de sucre glace
160 g (5½ oz) de sucre brun	1 blanc d'œuf
2 gros œufs	2 ml (½ c. à thé) de jus de citron

1. Faire chauffer le four à 200 °C (400 °F) et déposer un moule de papier dans chaque compartiment d'un moule pour faire 12 muffins. Déposer dans un grand bol-mélangeur la farine, la levure chimique, le bicarbonate de soude, les épices mélangées et le sel. Dans un second bol, réduire le beurre en crème et y incorporer le sucre, puis ajouter les œufs un à un. Ajouter la moitié des ingrédients secs, puis la moitié de la crème aigre et répéter la séquence.

2. Poser une casserole de taille moyenne sur un feu plutôt doux afin d'y mélanger 125 ml (½ tasse) d'eau bouillante au chocolat et au café soluble. Faire chauffer jusqu'à ce que fonde le chocolat, laisser refroidir quelque peu et incorporer à la pâte à gâteau à l'aide d'une spatule – la pâte deviendra alors plus liquide. Verser dans les moules de papier et faire cuire au four pendant 20 minutes.

3. Entre-temps, on prépare la glace. Passer le sucre glace dans un tamis fin. Déposer le blanc d'œuf dans un petit bol et le fouetter quelque peu à l'aide d'une cuiller en bois. Ajouter peu à peu le sucre glace, une généreuse cuillerée à la fois (en le tamisant de nouveau), en remuant vigoureusement après chaque ajout.

4. Lorsque tout le sucre glace est ainsi mélangé, verser le jus de citron et remuer pendant une minute de plus. Sortir les petits gâteaux du four, les laisser refroidir dans le moule pendant cinq minutes, puis les poser sur une clayette de métal afin qu'ils refroidissent complètement.

5. Garnir le dessus des gâteaux d'une épaisse couche de glace que l'on coiffera de canneberges déshydratées.

Tartelettes
au mince-meat

12 tartelettes • Préparation 1 heure 50 minutes • Cuisson 25 minutes

Garniture aux fruits

250 g (8 oz) de suif râpé	Le jus et le zeste d'une orange
60 g (2 oz) d'amandes mondées, hachées fin	Le jus et le zeste d'un citron
125 g (4 oz) d'écorce confite, hachée fin	125 ml (½ tasse) de brandy ou de rhum
1 pomme granny smith pelée et hachée	1 œuf fouetté
60 g (2 oz) de cerises confites, hachées	
60 g (2 oz) de gingembre confit, haché	**Pâte brisée**
750 g (1½ lb) de fruits secs mélangés	425 ml (1¾ tasse) de farine blanche
250 g (8 oz) de sucre brun	2 ml (½ c. à thé) de sel
1 ml (¼ c. à thé) de sel	180 g (6½ oz) de beurre en morceaux
1 ml (¼ c. à thé) de muscade moulue	15 ml (1 c. à soupe) de sucre semoule
1 ml (¼ c. à thé) d'épices moulues mélangées	1 jaune d'œuf

1. Pour faire la garniture aux fruits, retirer s'il y a lieu les fibres du suif et le mélanger aux amandes, à l'écorce confite et à la pomme. Ajouter les cerises, le gingembre et le mélange de fruits secs, et remuer afin de bien mélanger.

2. Hacher grossièrement les deux tiers du mélange de fruits. Mélanger l'autre tiers à la préparation hachée, puis ajouter en remuant le sucre, le sel, les épices, les zestes et les jus d'agrumes ainsi que le brandy ou le rhum.

3. Pour faire la pâte brisée, tamiser la farine et le sel au-dessus d'un bol. Ajouter les morceaux de beurre et mélanger du bout des doigts jusqu'à ce que la préparation ait la texture de la chapelure. Verser le sucre en remuant et former un puits au centre du bol. Mélanger le jaune d'œuf à 30 ml (2 c. à soupe) d'eau glacée, verser au centre du puits et mélanger de manière à former une pâte. Pétrir la pâte légèrement sur un plan de travail fariné jusqu'à ce qu'elle soit lisse. L'emballer d'une pellicule plastique et la réfrigérer pendant une heure.

4. Faire chauffer le four à 190 °C (375 °F) et enduire d'un peu de beurre la paroi de 12 moules à tartelettes. Aplanir la pâte à l'aide d'un rouleau à pâtisserie de manière à former un rectangle mince. Découper 12 cercles correspondant à la taille des moules et 12 étoiles qui décoreront les tartelettes.

5. Déposer la garniture aux fruits sur les fonds de tartelettes et coiffer d'une étoile. Badigeonner la pâte d'œuf fouetté et saupoudrer de sucre semoule.

6. Faire cuire au four pendant 25 minutes ou jusqu'à ce que la pâte soit dorée. Laisser reposer brièvement dans les moules avant de démouler. On sert ces tartelettes tièdes ou froides.

S'il en reste, vous pouvez conserver cette préparation aux fruits dans des bocaux stérilisés sur lesquels vous poserez des cercles de papier sulfurisé trempés dans le brandy avant d'y visser les couvercles.

Poires
givrées
4 portions • Préparation 15 minutes • Cuisson 1 heure 15 minutes

4 poires presque mûres,
découpées en deux, évidées

130 g (4½ oz) de sucre semoule

4 jaunes d'œufs

250 ml (1 tasse) de crème fraîche épaisse,
au-dessus du point d'ébullition

30 ml (2 c. à soupe) de brandy

2 ml (½ c. à thé) de gingembre moulu

1. Faire chauffer le four à 180 °C (350 °F) et enduire d'un peu de beurre la paroi d'un plat de cuisson de 25 cm (10 po) de diamètre. Découper les demi-poires en tranches de 5 mm (¼ po) d'épaisseur sans toutefois les détacher de la queue. Les disposer en éventail au fond du plat de cuisson.

2. Verser 75 ml (⅓ tasse) d'eau et saupoudrer les poires de la moitié du sucre semoule. Faire cuire au four jusqu'à ce qu'elles soient tendres et légèrement caramélisées en prenant soin de les couvrir de papier sulfurisé ou d'aluminium si elles dorent trop rapidement.

3. Entre-temps, fouetter les jaunes d'œufs et le reste de sucre jusqu'à ce que les premiers soient pâles. Ajouter peu à peu la crème chaude sur la préparation aux œufs en remuant à l'aide d'un fouet. Verser la préparation dans la casserole et remuer sur feu doux jusqu'à ce qu'elle épaississe. Remuer à l'aide d'un fouet jusqu'à ce que la préparation soit tiède. Ajouter le brandy et le gingembre en remuant, couvrir et mettre de côté. Lorsque les poires sont cuites, les servir avec la crème parfumée au brandy.

Gaufres fourrées
à la glace aux pruneaux

8 portions • Préparation 2 heures 20 minutes • Cuisson 30 minutes

	Gaufres
60 ml (¼ tasse) d'eau-de-vie à l'orange ou de rhum	60 g (2 oz) de beurre
90 g (3 oz) de pruneaux dénoyautés, en dés	75 g (2½ oz) de sucre semoule
60 g (2 oz) d'abricots déshydratés, hachés	125 ml (½ tasse) de sirop de table
1 l (4 tasses) de glace à la vanille, quelque peu amollie	75 ml (⅓ tasse) de farine blanche tamisée
	5 ml (1 c. à thé) de gingembre moulu
	30 g (1 oz) de noix ou de pacanes hachées

1. Faire chauffer l'eau-de-vie ou le rhum et y faire macérer les pruneaux et les abricots pendant 30 minutes. Incorporer les fruits et l'eau-de-vie à la glace à la vanille, couvrir et mettre au congélateur jusqu'au moment de servir.

2. Afin de confectionner les gaufres, faire fondre le beurre, le sucre et le sirop de table dans une casserole posée sur feu doux jusqu'à ce qu'ils soient bien mélangés. Laisser tiédir. Verser la farine et le gingembre en remuant, puis les noix.

3. Faire chauffer le four à 180 °C (350 °F) et enduire d'un peu de beurre le fond de deux plaques à biscuits. Déposer la pâte sur les plaques à raison de deux ou trois grosses cuillerées à la fois, en prévoyant qu'elle prendra de l'expansion au cours de la cuisson. Enfourner une plaque à la fois et cuire pendant 10 minutes ou jusqu'à ce que les gaufres soient dorées; laisser refroidir quelque peu et retirer les gaufres à l'aide d'une spatule.

4. Poser de petits moules à l'envers sur un plan de travail et, sans perdre de temps, poser chaque gaufre sur un moule – côté brut à l'extérieur – de sorte qu'elle en épouse la forme. Appuyer brièvement sur chacune jusqu'à ce qu'elle fige et poser ensuite les gaufres sur une clayette de métal où elles refroidiront. Ranger les gaufres dans un récipient hermétique. Déposer la glace aux pruneaux dans les gaufres moulées et servir sans tarder.

Pudding de Noël *à la française*

6 à 8 portions • Préparation 20 minutes • Cuisson 1 heure

	Garniture aux fruits
3 croissants en tranches de 2 cm (¾ po) d'épaisseur	125 g (4 oz) de figues séchées, hachées
6 œufs légèrement fouettés	125 g (4 oz) de dattes séchées, dénoyautées et hachées
375 ml (1 ½ tasse) de lait	125 ml (½ tasse) de jus d'orange
5 ml (1 c. à thé) d'extrait de vanille	75 ml (⅓ tasse) de brandy
5 ml (1 c. à thé) de muscade moulue	1 bâtonnet de cannelle

1. Afin de faire la garniture aux fruits, déposer les figues, les dattes, le jus d'orange, le brandy et le bâtonnet de cannelle dans une casserole et faire cuire à feu doux en remuant pendant 15 à 20 minutes ou jusqu'à ce que les fruits soient mous et le liquide épais. Retirer le bâtonnet de cannelle.

2. Faire chauffer le four à 180 °C (350 °F) et enduire d'un peu de beurre la paroi d'un moule à pain qui fait 11 cm sur 21 cm (4¼ po sur 8¼ po). Afin d'assembler le pudding, poser le tiers des tranches de croissant au fond du moule; verser la moitié de la garniture et refaire de même jusqu'à terminer par un étage de tranches de croissant.

3. Mettre les œufs, le lait, la vanille et la muscade dans un bol, et remuer le tout à l'aide d'un fouet. Verser lentement la préparation aux œufs sur les croissants et les fruits, et laisser reposer pendant cinq minutes. Poser le moule dans un plat de cuisson et y verser de l'eau bouillante jusqu'à mi-hauteur du moule. Couvrir le moule de papier d'aluminium. Faire cuire au four pendant 20 minutes, retirer le papier d'aluminium et prolonger la cuisson de 20 minutes. Laisser reposer le pudding dans son moule pendant 10 minutes avant de le démouler avec précaution et de le découper en tranches.

Il est préférable de servir ce dessert chaud, peu après l'avoir démoulé.

Pudding de Noël *bouilli*

8 portions • Préparation 4 jours • Cuisson 7 heures

250 g (8 oz) de raisins secs	375 ml (1 ½ tasse) de sucre brun
60 g (2 oz) d'écorce d'agrumes hachée	Le zeste d'une orange
250 g (8 oz) de raisins de Smyrne	125 ml (⅔ tasse) de farine blanche
125 g (4 oz) de raisins de Corinthe	5 ml (1 c. à thé) d'épices mélangées
60 g (2 oz) d'amandes mondées, hachées	2 ml (½ c. à thé) de gingembre moulu
45 ml (3 c. à soupe) de brandy	4 œufs fouettés
250 g (8 oz) de beurre	125 g (4 oz) de chapelure de pain rassis

1. Déposer tous les fruits et les noix dans un grand bol, arroser de brandy, couvrir et laisser macérer jusqu'au lendemain.

2. Réduire le beurre en crème, ajouter le sucre et le zeste d'orange, et fouetter jusqu'à obtention d'une consistance légère, aérienne. Tamiser la farine avec les épices et ajouter à la préparation au beurre en alternance avec les œufs. Verser en remuant la chapelure et les fruits macérés, et mélanger avec soin.

3. Tremper une mousseline dans de l'eau bouillante et l'essorer afin d'exprimer le surplus d'eau. Étendre la mousseline à plat, saupoudrer 75 ml (5 c. à soupe) de farine en son milieu et frictionner afin que la mousseline l'absorbe. Déposer la préparation à la cuiller au milieu de la mousseline, réunir les quatre angles et façonner le pudding en boule. À l'aide d'une ficelle, attacher la mousseline le plus solidement possible à proximité du pudding, en faisant une boucle qui servira à le soulever.

4. Emplir aux trois quarts une grande marmite d'eau que l'on portera à ébullition. Déposer le pudding dans l'eau, couvrir et faire bouillir pendant six heures en ajoutant de l'eau bouillante lorsqu'il le faut. Soulever le pudding en introduisant une cuiller de bois dans la boucle de ficelle, égoutter et pendre à un bouton de porte ou de tiroir de manière à ce qu'il se balance librement. Laisser sécher jusqu'au lendemain ou jusqu'à ce qu'il ait complètement refroidi.

5. Tailler la ficelle et dégager la mousseline du dessus du pudding. Enlever le surplus de farine et laisser sécher complètement – il faut compter près de deux jours. Conserver le pudding dans un récipient hermétique au réfrigérateur. Sortir le pudding du réfrigérateur 12 heures avant de le réchauffer.

6. Le refaire bouillir pendant une heure et le faire égoutter pendant 10 minutes. Enlever la ficelle, retirer la mousseline et laisser reposer le pudding pendant 20 minutes avant de le découper. Servir avec une crème pâtissière chaude.

Gâteau aux fruits *parfumé au whisky*

12 portions • Préparation 30 minutes • Cuisson 1 heure 20 minutes

750 g (1 ½ lb) de fruits confits mélangés	250 ml (1 tasse) de farine à gâteaux
180 g (6½ oz) de beurre	7 ml (1 ½ c. à thé) d'épices mélangées
220 g (7½ oz) de sucre brun	2 ml (½ c. à thé) de bicarbonate de soude
60 ml (¼ tasse) de whisky	1 ml (¼ c. à thé) de sel
3 gros œufs	300 ml (1 ¼ tasse) de crème épaisse, fouettée
175 ml (¾ tasse) de farine blanche	

1. Déposer les fruits dans une casserole, ajouter le beurre, le sucre brun et 175 ml (¾ tasse) d'eau, et porter lentement à ébullition. Réduire l'intensité du feu et laisser mijoter pendant cinq minutes. Retirer du feu et mettre de côté pour faire tiédir.

2. Faire chauffer le four à 180 °C (350 °F). Enduire d'un peu de beurre et chemiser de papier sulfurisé un moule à gâteau profond de 20 cm (8 po). Ajouter le whisky à la préparation aux fruits et incorporer les œufs un à un. Tamiser les farines, les épices, le bicarbonate de soude et le sel; les ajouter à la préparation et remuer afin de bien mélanger.

3. Déposer la pâte à la cuiller dans le moule, couvrir lâchement de papier d'aluminium et faire cuire au four pendant 50 minutes. Réduire la température du four à 160 °C (325 °F) et prolonger la cuisson de 30 minutes ou jusqu'à ce qu'une brochette de bambou introduite au centre du gâteau en ressorte propre.

4. Laisser reposer brièvement le gâteau dans son moule avant de le démouler et de le poser sur une clayette de métal. Enlever le papier sulfurisé lorsque le gâteau a refroidi. Servir avec de la crème chantilly.

Gâteau
aux cerises et aux amandes
12 portions • Préparation 1 heure • Cuisson 1 heure 30 minutes

315 g (11 oz) de beurre
280 g (10 oz) de sucre semoule
2 ou 3 gouttes d'extrait d'amande
5 œufs
125 g (4 oz) de cerises confites
60 g (2 oz) d'amandes mondées, hachées
375 g (13 oz) de farine blanche
5 ml (1 c. à thé) de bicarbonate de soude
150 ml (⅔ tasse) de lait

1. Faire chauffer le four à 180 °C (350 °F). Enduire d'un peu de beurre et chemiser de papier sulfurisé un moule à gâteau profond de 20 cm (8 po).

2. Réduire le beurre en crème, ajouter le sucre et l'extrait d'amande, et fouetter jusqu'à obtention d'une consistance légère, aérienne. Ajouter les œufs un à un en fouettant bien après chaque ajout. Saupoudrer un peu de farine sur les cerises confites et les amandes. Tamiser le reste de farine avec le bicarbonate de soude et ajouter à la préparation au beurre en alternance avec le lait. Incorporer les cerises confites et les amandes.

3. Verser la préparation dans le moule à gâteau et poser sur la pâte six cerises et des amandes entières supplémentaires en guise de décoration. Faire cuire au four pendant 90 minutes ou jusqu'à ce qu'une brochette de bambou introduite au centre du gâteau en ressorte propre. Couvrir la surface du gâteau de deux ou trois feuilles de papier sulfurisé pour l'empêcher de se fissurer au cours de la première demi-heure. Laisser refroidir sur une clayette de métal.

Gâteau de Noël *classique*

12 portions • Préparation 12 heures • Cuisson 4 heures

375 g (13 oz) de raisins secs hachés	Le zeste d'un citron
250 g (8 oz) de raisins de Smyrne	15 ml (1 c. à soupe) de sirop de table
125 g (4 oz) de raisins de Corinthe	30 ml (2 c. à soupe) de marmelade
125 g (4 oz) de cerises confites, découpées en deux	5 œufs
	425 ml (1¾ tasse) de farine blanche
45 ml (3 c. à soupe) de xérès	5 ml (1 c. à thé) d'épices mélangées
60 ml (4 c. à soupe) de brandy	5 ml (1 c. à thé) de cannelle
125 g (4 oz) d'abricots séchés, hachés	1 ml (¼ c. à thé) de sel
25 g (1 oz) de beurre	125 g (4 oz) d'amandes mondées, hachées
220 g (7½ oz) de sucre brun	40 amandes pour la décoration

1. La veille de la cuisson, mélanger les raisins secs, les raisins de Smyrne, les raisins de Corinthe, les cerises confites, le xérès et 45 ml (3 c. à soupe) de brandy dans un bol. Faire tremper les abricots dans 30 ml (2 c. à soupe) d'eau chaude pendant une heure, puis les ajouter aux autres fruits. Couvrir et laisser macérer jusqu'au lendemain.

2. Lorsqu'on chemise un moule à gâteau en vue d'y faire cuire un gâteau aux fruits bien dense, il faut employer davantage de papier sulfurisé que d'ordinaire; enduire de beurre un moule à gâteau carré et profond de 23 cm (9 po), tapisser le fond et les parois du moule d'une épaisseur de papier brun beurré et de deux épaisseurs de papier sulfurisé beurré, taillé de manière à bien épouser les angles. Faire chauffer le four à 150 °C (300 °F).

3. Réduire le beurre en crème, ajouter le sucre brun et le zeste de citron, et fouetter jusqu'à obtention d'une consistance aérienne. Incorporer en fouettant le sirop de table et la marmelade. Ajouter les œufs un à un en fouettant avec soin après chaque ajout. Si la préparation caille, ajouter en remuant une cuillerée de farine en même temps que chaque œuf.

4. Tamiser la farine, les épices et le sel, et les incorporer à la préparation à base d'œufs en alternance avec les fruits et les amandes hachées. Verser dans le moule chemisé. Décorer la surface de la pâte d'amandes entières.

5. Faire cuire au four pendant quatre heures ou jusqu'à ce qu'une brochette de bambou introduite au centre du gâteau en ressorte propre. Sortir du four et mouiller du brandy qui reste. Laisser le gâteau refroidir dans son moule. Après l'avoir démoulé, l'emballer d'un torchon et le conserver dans un récipient hermétique.

Gâteau de Noël
express

12 portions • Préparation 15 minutes • Cuisson 2 heures 30 minutes

250 g (8 oz) de beurre	50 g (1¾ oz) de cerises confites
220 g (7½ oz) de sucre semoule	30 g (1 oz) d'écorce d'agrumes hachée
Le zeste d'une orange	425 ml (1¾ tasse) de farine blanche
5 œufs	5 ml (1 c. à thé) de levure chimique
90 g (3 oz) d'amandes mondées, hachées	2 ml (½ c. à thé) de sel
180 g (6½ oz) de raisins de Smyrne	30 ml (2 c. à soupe) de jus d'orange
150 g (5 oz) de raisins de Corinthe	
150 g (5 oz) de raisins secs, découpés en deux	

1. Faire chauffer le four à 150 °C (300 °F). Enduire d'un peu de beurre et chemiser de papier sulfurisé un moule à gâteau rond et profond de 20 cm (8 po) de diamètre.

2. Réduire le beurre en crème, ajouter le sucre et le zeste d'orange, et fouetter jusqu'à obtention d'une consistance légère, aérienne. Ajouter les œufs un à un et mettre de côté. Saupoudrer un peu de farine sur les amandes, les fruits secs et l'écorce d'agrumes. Tamiser au-dessus d'un autre bol la farine, la levure chimique et le sel. Incorporer les amandes, les fruits secs et l'écorce d'agrumes.

3. Ajouter la préparation aux fruits à celle à base de beurre, puis ajouter le jus d'orange et remuer avec soin afin de mélanger. Verser la préparation dans le moule chemisé, lisser la surface et décorer d'amandes supplémentaires.

4. Faire cuire au four pendant deux heures et demie ou jusqu'à ce qu'une brochette de bambou introduite au centre du gâteau en ressorte propre. Laisser le gâteau refroidir dans son moule.

Biscuits de Noël

Nous avons préparé un bouquet de mignardises qui peuvent, en fait, servir à décorer le sapin de Noël : des petits-fours et des biscuits alléchants qui feront en outre de charmants cadeaux à offrir à vos parents et amis. Tous adorent cette idée de décorations de Noël comestibles et, si vous avez le temps de confectionner toutes nos suggestions, vous serez assurément la seule personne de votre quartier à posséder un sapin décoré de la sorte. Mais nous vous prévenons : ces décorations ne resteront pas longtemps pendues au sapin !

Petits-fours
à la russe

50 petits-fours • Préparation 12 minutes • Cuisson 20 minutes

250 g (8 oz) de beurre
125 ml (½ tasse) de sucre semoule, plus 60 ml (¼ tasse)
5 ml (1 c. à thé) d'extrait de vanille
280 g (10 oz) de farine blanche
90 g (3 oz) de pacanes moulues

1. Fouetter le beurre, 125 ml (½ tasse) de sucre semoule et l'extrait de vanille jusqu'à obtention d'une consistance crémeuse. Ajouter la farine et les pacanes moulues, et mélanger avec soin. Couvrir et réfrigérer jusqu'à ce que la préparation ait une texture ferme.

2. Faire chauffer le four à 180 °C (350 °F) et enduire d'un peu de beurre trois plaques à biscuits. Façonner la pâte en boules de 2 cm (¾ po) de diamètre et les déposer sur les plaques à biscuits. Faire cuire au four pendant 10 à 12 minutes ou jusqu'à ce qu'elles soient fermes et quelque peu dorées. Alors que les petits-fours sont encore chauds, les passer dans le sucre semoule qui reste. Si on a l'intention d'en faire des décorations, les percer à l'aide d'une aiguille à repriser. Les mettre à refroidir sur des clayettes de métal.

Boules
de neige
30 boules • Préparation 50 minutes

250 g (8 oz) de beurre de cacahuètes croquant
60 ml (¼ tasse) d'huile végétale
125 ml (½ tasse) de sucre glace tamisé
175 g (6 oz) de raisins de Smyrne hachés grossièrement
100 g (3½ oz) de graines de sésame grillées
4 biscuits sucrés, en fines miettes
60 ml (4 c. à soupe) de noix de coco râpée

1. Mélanger le beurre de cacahuètes et l'huile végétale. Ajouter le sucre, les raisins de Smyrne et les graines de sésame, et remuer afin de bien mélanger. Réfrigérer pendant 20 minutes. Mélanger les biscuits en miettes et la noix de coco. Façonner la préparation au beurre de cacahuètes en boules de 2 cm (¾ po) de diamètre que l'on passe ensuite dans la noix de coco. Couvrir et réfrigérer pendant 20 minutes ou jusqu'à ce que la pâte soit ferme, puis sortir du réfrigérateur.

2. À l'aide d'une aiguille à repriser, passer un ruban au centre des boules et les réunir en groupe de deux ou trois.

Cette recette produit 30 boules ou 10 guirlandes de trois boules chacune.

Croissants *hongrois*

12 croissants • Préparation 40 minutes • Cuisson 15 minutes

250 ml (1 tasse) de farine blanche
125 ml (½ tasse) de farine d'amandes
125 g (4 oz) de beurre
1 sachet de 7 g (¼ oz) de levure sèche
30 à 45 ml (2 à 3 c. à soupe) de crème
75 ml (⅓ tasse) de confiture aux prunes
125 ml (½ tasse) de sucre glace

1. Mélanger du bout des doigts la farine blanche, la farine d'amandes et le beurre jusqu'à ce que la préparation ait la texture de la chapelure. Mélanger la levure et 15 ml (1 c. à soupe) d'eau tiède et remuer jusqu'à formation d'une pâte. Creuser un puits au centre de la farine et incorporer la pâte de levure et la crème de manière à former une pâte souple. Laisser reposer au réfrigérateur pendant 20 minutes.

2. Faire chauffer le four à 180 °C (350 °F). À l'aide d'un rouleau à pâtisserie, étaler la pâte sur un plan de travail fariné de sorte qu'elle ait 5 mm (¼ po) d'épaisseur. Découper des carrés de 6 cm (2⅓ po) à l'aide d'un emporte-pièce ou d'un couteau.

3. Poser un carré de pâte sur le plan de travail et lui imprimer une rotation de 45° de sorte qu'il soit dans la position d'un losange. Déposer 5 ml (1 c. à thé) de confiture aux prunes au centre du losange et replier deux angles de pâte sur la confiture.

4. Imprimer à la pâte la courbe d'un croissant et faire cuire au four pendant 10 à 15 minutes ou jusqu'à ce que la pâte soit quelque peu dorée.

5. Mettre les croissants à refroidir sur une clayette à gâteau. Lorsqu'ils sont refroidis, les saupoudrer d'une généreuse quantité de sucre glace. À l'aide d'une aiguille à repriser, passer un cordonnet argenté à une extrémité de chaque croissant.

Spéculoos

18 spéculoos • Préparation 45 minutes • Cuisson 15 minutes

60 g (2 oz) de sucre brun foncé	22 ml (1 ½ c. à soupe) d'amandes hachées fin
15 ml (1 c. à soupe) de lait	22 ml (1 ½ c. à soupe) d'écorce d'agrumes confite, hachée fin
150 ml (⅔ tasse) de farine tamisée	
2 ml (½ c. à thé) de clou de girofle moulu	45 amandes entières, découpées en deux
2 ml (½ c. à thé) de cannelle moulue	
1 ml (¼ c. à thé) de muscade moulue	**Glace**
1 ml (¼ c. à thé) de gingembre moulu	375 ml (1 ½ tasse) de sucre glace
1 pincée de sel	1 blanc d'œuf
1 pincée de levure chimique	2 ml (½ c. à thé) de jus de citron
125 g (4 oz) de beurre en dés	5 ml (1 c. à thé) d'extrait d'amande

1. Verser le sucre et le lait dans une petite casserole pour faire fondre le premier à feu doux; laisser refroidir.

2. Tamiser la farine, les épices, le sel et la levure chimique. Ajouter le beurre et l'incorporer à la farine du bout des doigts jusqu'à ce que la préparation ait la texture de la chapelure. Ajouter le lait sucré, les amandes et l'écorce confite; mélanger avec soin pour faire une pâte que l'on pétrira jusqu'à ce qu'elle soit souple sans être gluante. Emballer la pâte d'une pellicule plastique et réfrigérer pendant 30 minutes.

3. Faire chauffer le four à 180 °C (350 °F) et enduire d'un peu de beurre une plaque à biscuits. À l'aide d'un rouleau à pâtisserie, étaler la pâte de sorte qu'elle ait une épaisseur de 5 mm (¼ po) et prélever des étoiles à l'aide d'un emporte-pièce. À l'aide de l'extrémité circulaire d'une baguette chinoise, percer un trou au centre de chaque étoile et réfrigérer pendant 10 minutes.

4. Faire cuire au four pendant cinq minutes. Sortir du four et percer de nouveau le centre de chaque étoile, et retourner les biscuits au four pendant cinq minutes de plus. Mettre les biscuits à refroidir sur des clayettes de métal.

5. Passer le sucre glace dans un tamis fin. Déposer le blanc d'œuf dans un petit bol et le fouetter légèrement à l'aide d'une cuiller de bois. Ajouter peu à peu le sucre glace, une généreuse cuillerée à la fois (en le tamisant de nouveau), en remuant vigoureusement après chaque ajout. Lorsque tout le sucre glace est ainsi mélangé, ajouter le jus de citron et l'extrait d'amande, et remuer pendant une minute de plus avant de glacer les biscuits. Décorer chaque étoile de cinq demi-amandes et laisser figer.

6. En usant de précaution, passer un fin ruban au centre de chaque étoile de manière à former une boucle.

Boules

choco-coco

30 boules • Préparation 35 minutes

90 g (3 oz) de fromage à la crème à température ambiante
5 ml (1 c. à thé) d'extrait de vanille
300 g (10½ oz) de sucre glace
90 g (3 oz) de chocolat noir, fondu et légèrement refroidi
125 g (4 oz) de pacanes hachées
80 g (3 oz) de noix de coco râpée

1. Fouetter le fromage à la crème, 15 ml (1 c. à soupe) d'eau et l'extrait de vanille jusqu'à obtention d'une consistance crémeuse. Ajouter peu à peu le sucre glace et remuer jusqu'à ce qu'il soit bien mélangé. Ajouter en remuant le chocolat et les pacanes. Réfrigérer la préparation pendant 20 minutes.

2. Façonner des boules de 2 cm (¾ po) de diamètre et les passer dans la noix de coco. Couvrir et réfrigérer pendant 10 minutes de sorte que les boules soient fermes. À l'aide d'une aiguille à repriser, passer un ruban au centre de chaque boule et les réunir en groupes de deux ou trois.

Cette recette produit 30 boules ou 10 guirlandes de trois boules chacune.

Sablés *célestes*

12 sablés • Préparation 20 minutes • Cuisson 45 minutes

	Glace
250 g (8 oz) de beurre doux	375 ml (1 ½ tasse) de sucre glace
100 g (3 ½ oz) de sucre semoule	1 blanc d'œuf
500 g (16 oz) de farine blanche	2 ml (½ c. à thé) de jus de citron
	Colorant alimentaire
	Boules argentées

1. Faire chauffer le four à 180 °C (350 °F). Fouetter le beurre jusqu'à ce qu'il ait la consistance de la crème fouettée, puis ajouter peu à peu le sucre et continuer de fouetter jusqu'à ce que le mélange soit léger, aérien. Ajouter peu à peu la farine et pétrir la pâte pendant cinq minutes ou jusqu'à ce qu'elle soit très lisse.

2. Diviser la pâte en deux parts et l'aplanir à l'aide d'un rouleau à pâtisserie de sorte qu'elle fasse 6 mm (¼ po) d'épaisseur. Poser la pâte sur des plaques à biscuits et y prélever des anges à l'aide d'un emporte-pièce. À l'aide de l'extrémité circulaire d'une baguette chinoise, percer deux trous sous les ailes des anges (voir la photo ci-contre). Faire cuire au centre du four pendant 20 minutes. Réduire la température du four à 150 °C (300 °F) et prolonger la cuisson de 25 minutes ou jusqu'à ce que les biscuits soient dorés et craquants.

3. Passer le sucre glace dans un tamis fin. Déposer le blanc d'œuf dans un petit bol et le fouetter légèrement à l'aide d'une cuiller de bois. Ajouter peu à peu le sucre glace, une généreuse cuillerée à la fois (en le tamisant de nouveau), en remuant vigoureusement après chaque ajout. Lorsque tout le sucre glace est ainsi mélangé, ajouter le jus de citron et remuer pendant une minute de plus. Réserver la moitié de la glace en prévision d'un usage ultérieur. Ajouter 20 gouttes de colorant alimentaire à l'autre part de glace et la couvrir d'une pellicule plastique si on ne l'emploie pas sur-le-champ.

4. Lorsque les biscuits ont refroidi, les décorer de glace colorée et de boules argentées.

Boules  à l'abricot

48 boules • Préparation 50 minutes

220 g (7½ oz) d'abricots séchés
180 g (6½ oz) de noix de coco râpée
175 ml (¾ tasse) de lait condensé sucré
5 ml (1 c. à thé) d'extrait d'amande
100 g (3½ oz) de sucre glace

1. Déposer les abricots dans le bol d'un robot de cuisine et actionner afin de hacher finement. Transvider les abricots hachés dans un bol, ajouter la noix de coco, le lait condensé et l'extrait d'amande et remuer afin de mélanger. Réfrigérer la préparation pendant 20 minutes, puis façonner des boules de 2 cm (¾ po) de diamètre et les passer dans le sucre glace. Couvrir et réfrigérer jusqu'à ce qu'elles soient fermes.

2. À l'aide d'une aiguille à repriser, passer un ruban au centre des boules et les réunir en groupe de deux ou trois.

Cette recette produit 48 boules ou 16 guirlandes de trois boules chacune.

Clochettes
zimtsterne
16 clochettes • Préparation 20 minutes • Cuisson 10 minutes

	Glace
200 g (7 oz) de sucre glace tamisé	375 ml (1 ½ tasse) de sucre glace
200 g (7 oz) d'amandes moulues	1 blanc d'œuf
60 g (2 oz) de sucre	2 ml (½ c. à thé) de jus de citron
1 giclée de jus de citron	Colorant alimentaire vert
2 blancs d'œufs	Colorant alimentaire rouge

1. Faire chauffer le four à 180 °C (350 °F). Mélanger le sucre glace, les amandes, le sucre, le jus de citron et les blancs d'œufs de manière à former une pâte brisée.

2. Déposer la pâte entre deux pellicules plastique et l'aplanir à l'aide d'un rouleau à pâtisserie jusqu'à ce qu'elle fasse 5 mm (¼ po) d'épaisseur. Prélever 16 clochettes à l'aide d'un emporte-pièce. À l'aide de l'extrémité circulaire d'une baguette chinoise, percer un trou au sommet de chaque clochette et les poser sur des plaques à biscuits chemisées de papier sulfurisé. Faire cuire au four pendant cinq minutes, reformer avec soin le trou au sommet de chaque clochette et retourner au four pendant cinq minutes de plus. Mettre les biscuits à refroidir sur des clayettes de métal.

3. Afin de faire la glace, passer le sucre glace dans un tamis fin. Déposer le blanc d'œuf dans un petit bol et le fouetter légèrement à l'aide d'une cuiller de bois. Ajouter peu à peu le sucre glace, une généreuse cuillerée à la fois (en le tamisant de nouveau), en remuant vigoureusement après chaque ajout. Lorsque tout le sucre glace est ainsi mélangé, ajouter le jus de citron et remuer pendant une minute de plus.

4. Diviser la glace en deux parts et ajouter 20 gouttes de colorant vert à l'une et 20 gouttes de colorant rouge à l'autre. (Couvrir la glace d'une pellicule plastique si on ne l'emploie pas sur-le-champ.)

5. Lorsque les biscuits ont refroidi, les décorer à l'aide d'une douille. Ajouter un ruban aux clochettes si on souhaite les employer en guise de décorations.

Petits-beurre

12 biscuits • Préparation 3 heures 30 minutes • Cuisson 10 minutes

375 g (13 oz) de farine blanche	**Glace**
10 ml (2 c. à thé) de levure chimique	375 ml (1 ½ tasse) de sucre glace
1 pincée de sel	1 blanc d'œuf
250 g (8 oz) de beurre doux, en dés	2 ml (½ c. à thé) de jus de citron
2 œufs	5 ml (1 c. à thé) d'extrait d'amande
220 g (7½ oz) de sucre semoule	Boules argentées
7 ml (1½ c. à thé) d'extrait de vanille	
Le zeste d'un demi-citron	
1 blanc d'œuf légèrement fouetté	

1. Tamiser la farine, la levure chimique et le sel au-dessus d'un bol, puis ajouter les dés de beurre en les travaillant du bout des doigts jusqu'à ce que la préparation ait la texture d'une chapelure fine. Creuser un puits au centre de la préparation.

2. Fouetter les œufs, le sucre, la vanille et le zeste de citron, incorporer à la préparation à base de farine et mélanger de manière à former une pâte souple. Pétrir quelque peu la pâte sur un plan de travail fariné et la découper en quatre parts. Envelopper chacune de pellicule plastique et réfrigérer pendant trois heures.

3. Faire chauffer le four à 180 °C (350 °F). Enduire d'un peu de beurre et fariner trois plaques à biscuits. À l'aide d'un rouleau à pâtisserie, étaler chaque part de pâte sur un plan de travail fariné de sorte qu'elle ait 5 mm (¼ po) d'épaisseur. Découper des sapins de Noël à l'aide d'un emporte-pièce. À l'aide de l'extrémité circulaire d'une baguette chinoise, percer un trou à la cime de chaque sapin et réfrigérer pendant 10 minutes.

4. Badigeonner la pâte de blanc d'œuf et faire cuire au four pendant cinq minutes. Reformer les trous avec soin et retourner au four pendant cinq minutes de plus. Mettre les biscuits à refroidir sur des clayettes de métal.

5. Passer le sucre glace dans un tamis fin. Déposer le blanc d'œuf dans un petit bol et le fouetter quelque peu à l'aide d'une cuiller en bois. Ajouter peu à peu le sucre glace, une généreuse cuillerée à la fois (en le tamisant de nouveau), en remuant vigoureusement après chaque ajout. Lorsque tout le sucre glace est ainsi mélangé, ajouter le jus de citron et l'extrait d'amande, et remuer pendant une minute de plus (couvrir la glace d'une pellicule plastique si on ne l'emploie pas sur-le-champ). Lorsque les biscuits ont refroidi, les décorer de glace et de boules argentées.

Biscuits
au gingembre
24 biscuits • Préparation 45 minutes • Cuisson 10 minutes

125 g (4 oz) de beurre	
125 ml (½ tasse) de sucre brun bien tassé	
125 ml (½ tasse) de sirop de table	
1 jaune d'œuf	
500 ml (2 tasses) de farine blanche	
10 ml (2 c. à thé) de gingembre moulu	
5 ml (1 c. à thé) d'épices mélangées	
5 ml (1 c. à thé) de bicarbonate de soude	
1 généreuse pincée de cannelle moulue	

Glace

250 ml (1 tasse) de sucre glace

1 blanc d'œuf

Quelques gouttes de jus de citron

Colorant alimentaire

Boules argentées

1. Faire chauffer le four à 180 °C (350 °F). Enduire d'un peu de beurre deux plaques à biscuits. Dans un bol-mélangeur, réduire en crème le beurre et le sucre jusqu'à obtention d'une consistance légère, aérienne. Incorporer à l'aide d'un fouet le sirop de table et le jaune d'œuf.

2. Tamiser les ingrédients secs au-dessus d'un bol et les incorporer à la préparation en deux lots. Déposer la pâte sur un plan de travail fariné pour la pétrir quelque peu. Emballer la pâte d'une pellicule plastique et réfrigérer pendant 30 minutes.

3. Muni d'un rouleau à pâtisserie, étaler la pâte de sorte qu'elle ait 5 mm (¼ po) d'épaisseur avant de la découper à l'aide d'emporte-pièces aux formes rappelant Noël. À l'aide de l'extrémité circulaire d'une baguette chinoise, percer un trou au sommet de chaque biscuit et les poser sur les plaques. Faire cuire au four pendant cinq minutes, reformer avec soin le trou au sommet de chaque biscuit et retourner au four pendant cinq minutes de plus. Mettre les biscuits à refroidir sur des clayettes de métal.

4. Passer le sucre glace dans un tamis fin. Déposer le blanc d'œuf dans un petit bol et le fouetter quelque peu à l'aide d'une cuiller en bois. Ajouter peu à peu le sucre glace, une généreuse cuillerée à la fois (en le tamisant de nouveau), en remuant vigoureusement après chaque ajout. Lorsque tout le sucre glace est ainsi mélangé, ajouter le jus de citron et remuer pendant une minute de plus.

5. Diviser la glace en trois parts. Ajouter au premier tiers environ 15 gouttes de colorant alimentaire; ajouter au deuxième tiers la même quantité d'un colorant différent; quant au dernier tiers, on le laisse blanc. Glacer le tiers des biscuits de chacune des couleurs avant de les décorer de boules argentées.

6. On laisse figer la glace et on passe un ruban ou un cordonnet argenté dans les trous afin de former une guirlande de biscuits.

Couronnes
aux amandes
18 biscuits • Préparation 1 heure 20 minutes • Cuisson 20 minutes

	Garniture
250 g (8 oz) de beurre	100 g (3½ oz) d'amandes mondées
125 g (4 oz) de sucre semoule	60 g (2 oz) de sucre semoule
5 ml (1 c. à thé) d'extrait d'amande	
2 œufs	
450 g (16 oz) de farine blanche	
2 ml (½ c. à thé) de levure chimique	
1 jaune d'œuf	

1. Réduire le beurre en crème, ajouter le sucre et l'extrait d'amande, et fouetter jusqu'à obtention d'une consistance légère, aérienne. Ajouter ensuite les œufs à l'aide d'un fouet. Tamiser la farine et la levure chimique, et les incorporer à la préparation au beurre. Façonner une boule, couvrir d'une pellicule plastique et réfrigérer pendant une heure.

2. Pour faire la garniture, hacher finement les amandes mondées à l'aide d'un couteau (ne pas employer le robot de cuisine – il faut leur conserver une certaine texture). Mélanger les amandes et le sucre dans un grand bol.

3. À l'aide d'un rouleau à pâtisserie, étaler la pâte sur un plan de travail légèrement fariné de sorte qu'elle ait 1 cm (½ po) d'épaisseur. Prélever des cercles de 7 ou 8 cm (environ 3 po) à l'aide d'un emporte-pièce et employer un emporte-pièce de 25 mm (1 po) pour découper un trou au centre de chaque cercle. Rouler de nouveau les découpes de pâte et faire de nouvelles couronnes jusqu'à ce que toute la pâte soit employée.

4. Faire chauffer le four à 180 °C (350 °F). Enduire d'un peu de beurre ou chemiser de papier sulfurisé une plaque à biscuits. Allonger le jaune d'œuf de 5 ml (1 c. à thé) d'eau et en badigeonner le dessus de chaque biscuit. Saupoudrer ensuite de sucre aux amandes. Appuyer légèrement sur le sucre pour qu'il pénètre la pâte avant de poser les biscuits sur la plaque. Faire cuire au four pendant 15 à 20 minutes ou jusqu'à ce que les couronnes soient fermes et dorées. Les mettre à refroidir sur une clayette de métal.

Pour fabriquer une décoration, il suffit de réunir les couronnes en groupes de deux à l'aide d'un ruban ou d'un cordonnet.

Boissons de *Noël*

Punch aux fruits, lait de poule et cocktails rivalisant de couleurs vives : nous passerons en revue quelques boissons réservées aux enfants puisque Noël est avant tout leur fête avant de nous intéresser à des élixirs qui feront davantage la joie des parents. En conclusion, nous verrons quelques décoctions plus élaborées qui vous feront remercier le ciel que cette période d'excès ne revienne qu'une fois l'an !

Punch de Noël
pour les petits

10 verres • Préparation 5 minutes

500 ml (2 tasses) de jus de pomme
1 l (4 tasses) de jus de canneberge
375 ml (1 ½ tasse) de cordial à la limette
30 ml (2 c. à soupe) de sucre

1. Mélanger tous les ingrédients à 500 ml (2 tasses) d'eau dans un grand pichet. Ajouter un gros morceau de glace pour que le punch reste frais.

Shirley *Temple*

1 verre • Préparation 5 minutes

30 ml (1 oz) de sirop de grenadine
90 ml (3 oz) de jus d'ananas
150 ml (5 oz) de limonade
15 ml (1 c. à soupe) de pulpe de fruit de la passion
1 quartier d'ananas
1 cerise

1. Verser le sirop de grenadine et le jus d'ananas dans un grand verre. Ajouter la limonade, puis la pulpe de fruit de la passion. Garnir d'un quartier d'ananas et d'une cerise.

Lait *de poule*

1 verre • Préparation 5 minutes

1 œuf
200 ml (⅞ tasse) de lait
30 ml (2 c. à soupe) de sirop de sucre
2 gouttes d'extrait de vanille
Cannelle moulue

1. Mélanger l'œuf, le lait, le sirop de sucre et la vanille dans un shaker avec des glaçons. Agiter vigoureusement et verser à l'aide d'un tamis dans un verre à whisky. Garnir de cannelle moulue.

Cocktail *au champagne*

1 verre • Préparation 3 minutes

1 carré de sucre
6 gouttes d'angusture
15 ml (½ oz) de cognac ou de brandy
150 ml (5 oz) de champagne ou de crémant
1 cerise

1. Verser l'angusture dans une flûte à champagne et y faire tremper le carré de sucre pendant 20 secondes, puis ajouter le cognac ou le brandy. Verser le champagne ou le crémant et garnir d'une cerise.

Lait de poule
à la hollandaise

1 verre • Préparation 5 minutes

30 ml (1 oz) de rhum blanc
30 ml (1 oz) de jus d'orange
10 ml (⅓ oz) de rhum brun
10 ml (⅓ oz) d'advocaat
125 ml (4 oz) de lait
1 jaune d'œuf
Cannelle moulue

1. Mélanger le rhum blanc, le jus d'orange, le rhum brun, l'advocaat, le lait et le jaune d'œuf dans un shaker avec des glaçons. Agiter vigoureusement et verser à l'aide d'un tamis dans un verre à bière de 285 ml (près de 10 oz). Garnir de cannelle moulue.

Brandy
Crusta

1 verre • Préparation 5 minutes

50 g (1¾ oz) de sucre
1 tranche de citron
90 ml (3 oz) de brandy
1 trait d'angusture
3 traits de marasquin
1 cerise au marasquin

1. Déposer le sucre dans une soucoupe ou une saucière. Passer la tranche de citron sur le pourtour d'un verre sur tige, puis tremper le verre dans le sucre.

2. Mélanger le brandy, l'angusture et le marasquin dans un shaker. Agiter vigoureusement et verser dans le verre à l'aide d'un tamis en prenant soin de ne pas enlever le sucre autour du verre. Garnir de la cerise au marasquin.

Grog
au whisky chaud

1 verre • Préparation 5 minutes

1 citron
1 clou de girofle
2 carrés de sucre
60 ml (2 oz) de whisky

1. Prélever de l'écorce de citron et y piquer le clou de girofle. Découper une tranche de citron.

2. Déposer les carrés de sucre au fond d'un verre, ajouter la tranche et l'écorce de citron. Verser le whisky et allonger d'eau chaude. Servir chaud.

Thé glacé
façon Long Island

1 verre • Préparation 5 minutes

30 ml (1 oz) de vodka
30 ml (1 oz) de jus de citron
30 ml (1 oz) de tequila
30 ml (1 oz) de sirop de sucre
30 ml (1 oz) de rhum blanc
1 trait de cola
30 ml (1 oz) de Cointreau
1 zeste de citron
Feuilles de menthe fraîche

1. Déposer des glaçons dans un verre à whisky de 285 ml (près de 10 oz) et verser la vodka, le jus de citron, la tequila, le sirop de sucre, le rhum blanc, le cola et le Cointreau. Garnir d'un zeste de citron et de feuilles de menthe, et servir avec une paille.

Canne de sucre *candi*

1 verre • Préparation 5 minutes

15 ml (½ oz) de sirop de grenadine
15 ml (½ oz) de crème de menthe
25 ml (¾ oz) de vodka

1. Verser le sirop de grenadine dans un verre à liqueur sur tige. Verser ensuite avec soin la crème de menthe et enfin la vodka en les faisant glisser sur le dos d'une petite cuiller. Faire cul sec !

Crème *à la fraise*

1 verre • Préparation 5 minutes

20 ml (⅔ oz) d'eau-de-vie de fraise
10 ml (⅓ oz) de crème

1. Dans un verre à liqueur, verser avec soin l'eau-de-vie de fraise, puis verser lentement la crème en la faisant glisser sur le dos d'une petite cuiller. Faire cul sec !

On peut préparer cette consommation jusqu'à concurrence de 20 minutes avant le début d'une réception.

After *Eight*

1 verre • Préparation 2 minutes

15 ml (½ oz) de Kahlúa	
10 ml (⅓ oz) de crème de menthe	
20 ml (⅔ oz) de liqueur à la crème irlandaise	
1 zeste de citron	

1. Verser avec soin le Kahlúa dans un verre à shooter de 60 ml (2 oz), puis ajouter lentement la crème de menthe et enfin la liqueur à la crème irlandaise en les faisant glisser sur le dos d'une petite cuiller. Garnir d'un zeste de citron et servir.

Index